Dagmar Beckmann & Christoph Potting

Glücksorte im Piemont

Fahr hin und werd glücklich

Droste Verlag

Dieses Buch gehört

Liebe Glücksuchende,

nur wenige Regionen in Europa sind so abwechslungs- und spannungsreich, so einladend und vielfältig wie das Piemont, das Land am Fuß der Berge. In der zweitgrößten und einer der wohlhabendsten Regionen Italiens reifen die besten Weine der Welt, hier wurde die Schokolade mit Nüssen erfunden, die edelsten Tuchwaren verlassen die Webereien, die älteste Brauerei Italiens füllt ihre charakteristischen Biere ab und Bergpioniere erfanden hier den Alpinismus. Aus dem Piemont kamen der Fiat 500 und die Klassiker des Industriedesigns von Olivetti. Von ebenso erstaunlicher Vielfalt sind die Landschaften. Da strecken sich die Westalpen mit dem gewaltigen Monte Rosa und dem kühnen Monviso zum Himmel, es verführen der Lago Maggiore und der Lago d'Orta mit mediterranem Ambiente und es faszinieren die schier endlosen Weinhügel des Roero, der Langhe und des Monferrato. Größer könnten die Gegensätze und die Reize nicht sein. Frankreich ist nah und hat die Geschichte des Piemonts mitgeprägt. Die französisch-italienische Melange kann man in der piemontesischen Küche oder im Flair der Hauptstadt Turin mit ihrer barocken Eleganz und ihren wunderbaren Kaffeehäusern genießen. Schleckermäuler, Sportler und Wanderer, Kunstinteressierte, Naturverliebte und Träumer haben die Qual der Wahl und kommen durchweg auf ihre Kosten. Auch wir mussten aus der Überfülle eine Auswahl treffen. Die von uns vorgestellten 80 Glücksorte sind eine Navigationshilfe, um das Piemont, diese Verführung für Kopf, Leib und Seele, auf eigene Faust zu entdecken.

Ihre Dagmar Beckmann & Ihr Christoph Potting

Deine Glücksorte ...

... noch mehr Glück für dich

Sounds of Silence

1 *Isola di San Giulio, Lago d'Orta*

Am schönsten ist es, sich mit den kleinen Fährbooten vom Städtchen Orta aus der Isola di San Giulio zu nähern. Nur 5 Minuten dauert die Überfahrt, aber sie ist ein Zeitensprung auf ein Eiland voller Romantik, Religions- und Kunstgeschichte sowie kunstvoll inszenierter Natur. Villen, Palazzi und rundum zum See abfallende terrassierte Gärten schmiegen sich um einen alten Bischofspalast und die Basilika. Die wenigen ganzjährigen Bewohner der kleinen Insel sind die Benediktinerinnen in der Klosteranlage Mater Ecclesiae. Die 80 Nonnen haben ein Schweigegelübde abgelegt und folgen dem Gebot des „ora et labora": Andachten in 2-stündigem Rhythmus und Arbeit an Paramenten, zum Beispiel an Messgewändern und Altartüchern. Den Weg, der in nur 10 Minuten rund um die Insel führt, weisen Schilder als „Via del silenzio", als Weg der Stille aus. Aber müssen diese Hinweise wirklich sein? Auch ohne sie umfängt die Besucher unmittelbar eine Aura der Ruhe, unterbrochen nur vom stündlichen Läuten der Kirchenglocken und dem Glucksen und Lechzen der Seewellen – eine berührende Komposition. Im Herbst, wenn die Kastanienbäume rotbraun leuchten und sich an sonnigen Tagen im Wasser spiegeln, ist die Isola di San Giulio besonders ergreifend. Bewegt von ihrer Ausstrahlung war auch Honoré de Balzac, als er im August 1836 den Lago d'Orta besuchte: Die Insel, beschrieb er seinen Eindruck, liege verführerisch und schlicht in stillem Wasser am Fuße des Monte Rosa, und der See sei eine graue Perle in einem grünen Schrein. Nicht nur Balzac war fasziniert. Nietzsche – auf einer Reise mit Lou Andreas-Salomé im Mai 1882 – erhoffte sich von diesem Ambiente, die angebetete deutsch-russische Schriftstellerin und Essayistin für sich zu gewinnen, allerdings erfolglos. Aber immerhin inspirierten See und Insel den Philosophen zu den ersten Skizzen von „Also sprach Zarathustra" und er erhob Orta zu einem der stimmungsvollsten Orte der Welt.

TIPP Das beste Eis am See gibt es in der Gelateria Antica Torre am Hafen in Pella (Febr.-Okt.).

Isola di San Giulio, I-28016 Orta San Giulio

Ostern-Mitte Okt. täglich mit Verkehrsschiff (www.navigazioneorta.it) oder Schiffstaxi (Tel. +39 33 36 05 02 88)

325

Sakraltheater

2 *Sacro Monte, Varallo, Valsesia*

Eine Mutter hat ein schreiendes Kind auf dem Arm, Männer palavern im Hintergrund, ein paar Menschen haben schmerzverzerrte Gesichter – und mittendrin der gepeinigte Jesus, dem Zusammenbruch nahe. Wer auf dem Sacro Monte von Varallo durch das kleine Guckloch in die Kapelle Nummer 30 schaut, hat das Gefühl, der Auspeitschung Christi leibhaftig beizuwohnen. 44 solcher Kapellen gibt es hier insgesamt und in allen kommen Stücke voller Dramatik, Emotion und Leidenschaft, voller Ergriffenheit und Trauer zur Aufführung. An dem 1491 begonnenen Gesamtkunstwerk haben 200 Jahre lang Architekten und Künstler gebaut. Der Heilige Berg von Varallo ist einer von vielen in Norditalien und ein Projekt der Gegenreformation: Die Sacri Monti sollten der Ausbreitung des Protestantismus von Norden her entgegenwirken. In Varallo entstanden die Kapellen und die Basilika in spektakulärer Position auf einer bewaldeten Kuppe hoch über der Stadt. In ihrem Inneren verwandeln über 800 lebensgroße Holz- und Terrakottafiguren sowie 4000 figürliche Fresken die Passion Jesu Christi in ein realistisches Agitproptheater. Realismus als Instrument der Überzeugung: Die Frisuren und Bärte der Darsteller sind aus Menschenhaar, und Mäntel, Röcke und Hosen wirken echt, weil die Faltenwürfe aus Leinentuch sind, dem kolorierte Gipsüberzüge Standfestigkeit geben. Als gegen Ende des 15. Jahrhunderts der Franziskaner Bernardino Caimi von einer Reise aus Jerusalem zurückkehrte, ergriff er die Initiative zum Bau des Sacro Monte. Weil Konstantinopel durch die Türken erobert wurde, war die Pilgerreise ins Heilige Land kaum mehr möglich – Varallo, das zweite Jerusalem, sollte aushelfen, religiöse Erfahrung bieten, unvergessliche Momente von Ergriffenheit. Mit der Gestaltung des Heiligen Bergs, einem von sieben Sacri Monti im Piemont, setzte Caimi auf die Macht der visuellen Inszenierung und alle beteiligten Künstler wurden ebenfalls zu Regisseuren grandioser religiöser Bühnenstücke.

TIPP Das frei zugängliche Flussschwimmbad unter der Stadtbrücke von Varallo lädt zum Baden ein.

Sacro Monte, I 13019 Varallo

Auto oder Kabinenbahn ab Ortsmitte

Nummer 6

3 *Palazzo Valperga Galleani, Turin*

Der Palazzo Valperga Galleani ist ein Beispiel für eine Restaurierung, die den Respekt vor dem kulturellen Erbe mit modernster Umwelttechnologie und dem Sinn für das Schöne vereinbart – mit dieser Begründung wurde der umgebaute Palazzo im Jahr 2015 zum „Building of the Year". Ausgewählt hatte ihn unter 3000 Gebäuden eine virtuelle Jury von mehr als 18.000 internationalen Architekten, darunter Stars wie Renzo Piano, Jean Nouvel und Kengo Kuma, sowie die Leser der prominenten amerikanischen Architekturzeitschrift „ArchDaily". Und auch die Turiner stimmten im gleichen Jahr mit den Füßen ab. Während der Tage der offenen Tür und des Lichtkunstfestivals der Stadt war der Palazzo Valperga Galleani di Canelli e di Barbaresco in der Via Alfieri 6 im Herzen von Turin einer der meistbesuchten Orte. In dem Barockgebäude haben auf 6500 Quadratmetern 36 exklusive Eigentumswohnungen auf fünf Stockwerken und zwei Zwischengeschossen Platz gefunden. Originale Fresken sowie Stuck- und Flachreliefdekorationen gehen mit Glas, Sichtbeton, Stahlelementen und Hightechmaterialien eine avantgardistische Verbindung ein. Modernste Haustechnik sorgt für eine gute Energiebilanz. Der Preis ist heiß, weshalb sich hier auch nur Industrielle, bekannte Fußballspieler der Stadt und Persönlichkeiten des öffentlichen Lebens eingekauft haben. Sie genießen aus der Wellnesszone im verglasten Obergeschoss einen traumhaften Blick über Turin. Zweifellos ist der Bau ein Beispiel für innovative historische Stadtsanierung, aber vor allem ist da auch der öffentlich zugängliche Innenhof mit Garten – ein magischer Raum und Anziehungspunkt für viele Turiner. Besonders am Abend, wenn die leuchtenden Steine im Kopfsteinpflaster aus Flusskieseln nach und nach die Farbe wechseln und die mit Lavendel, Minze, Rosmarin und Thymian bepflanzten 100 Blumenkästen an den Balkongeländern von LEDs illuminiert sind. Und über allem schwebt am Nachthimmel ein vom Lichtdesigner Richi Ferrero gestalteter Baum mit leuchtenden Kegeln.

TIPP In der Via Giuseppe Luigi Lagrange 3 liegt die Speisekammer für Feinschmecker: Eataly Torino.

Palazzo Valperga Galleani, Via Vittorio Alfieri 6, I-10121 Turin
ÖPNV: Straßenbahn 4, 15, Haltestelle Arcivescovado

Am Hexensee

4 *Alpe Devero, bei Baceno*

Eine Hochebene wie ein Amphitheater – bis zu 4000 Meter hohe, mächtige Gebirgszüge rahmen eine alpine, in Lärchenwälder gebettete Weidelandschaft. Das flache Becken ist ein Überbleibsel eines prähistorischen Sees, woran die Wasservielfalt hier oben noch erinnert. Wasserfälle stürzen ins Tal, glasklare Bäche schlängeln sich durch sumpfige Auen mit dicken Teppichen von Rhododendren und Blaubeeren, kleine Bergseen laden im Sommer zum Schwimmen ein. Weiden und Erlen, Vogelbeerbäume und seltene Fichten lockern die Wiesen auf. Gämsen klettern an felsigen Hängen und Murmeltiere wieseln auf bemoosten Steinrundlingen umher. Wo im Sommer Kühe auf den Kräuterwiesen weiden und die Milch für den raren Bergkäse Bettelmatt liefern, entfaltet sich im Winter ein Paradies für Schneeschuhwanderer, Langläufer und Spaziergänger. Zu allen Jahreszeiten braucht es zu Fuß etwa 1 Stunde, um vom pittoresken Dorf Devero aus die Ebene zu queren, bis man hinter dem Weiler Crampiolo den Hexensee mit der kleinen historischen Kirche der Heiligen Apollonia erreicht. Diese Schutzpatronin der italienischen Zahnärzte wacht hier über deren Heil, seit im Frühjahr 1968 ein Dentist auf der Fahrt zu der Alpe beinahe tödlich verunglückte. Nach seiner Genesung ließ er als Zeichen des Dankes die Kirche erbauen. Die Alpe Devero hat seit 1990 den Status eines Naturparks und wurde 1995 mit dem schon bestehenden Naturpark der benachbarten Alpe Veglia zusammengelegt, den man in wenigen Stunden auf einer atemberaubend schönen Wanderung erreicht. Geht es jedoch nach den Plänen von Investoren, sollen zukünftig Sechs-Sitzer-Sessellifte, Kunstschneekanonen und Ski- und Rodelpisten aus der Alpe einen winterlichen Hotspot machen. Dagegen regt sich allerdings heftiger Widerspruch. Die Alpe Devero sei zu einem Laboratorium für die Zukunft der Alpen geworden, sagen die Gegner dieser Entwicklung. Kann denn nicht die Heilige Apollonia den Fortschrittsfetischisten einmal so richtig auf den Zahn fühlen?

TIPP Auf dem Hochplateau ist die traditionelle Antica Locanda Alpino ein schöner Ort zur Einkehr.

Alpe Devero, I-28861 Baceno, www.alpedevero.it

Von Baceno mit dem Auto über eine gut ausgebaute Gebirgsstraße

Immer der Nase nach

5 *Casa del Profumo, Santa Maria Maggiore*

„Mein Wissen, meine Jugend sehe ich in Giovanni. Er ist anders. Er teilt die Menschen in gut und böse riechend ein. Seine Nase ist so schnell wie sein Verstand.“ Diese Zeilen galten Giovanni Maria Farina und wurden von seiner Großmutter Caterina Gennari geschrieben. Seit Generationen leben die Gennaris im Piemont; sie gehörten zu den Gründern der Ortschaft Santa Maria Maggiore und zählten zu den berühmtesten italienischen Aromatiseuren des 17. Jahrhunderts. Enkel Giovanni schaute sich schon in seiner Kindheit von seiner Großmutter ab, wie man mit sauberem destilliertem Alkohol einen immer gleichbleibenden Duft herstellen kann. Als er 1714 Santa Maria Maggiore verließ, um in die Handelsfirma seines Bruders in Köln einzusteigen, hatte er in seinem Emigrationsgepäck nicht nur dieses Wissen, sondern er brachte auch die Rezeptur eines Duftwassers mit an den Rhein. „Ich habe einen Duft gefunden, der mich an einen italienischen Frühlingsmorgen erinnert, an Bergnarzissen und Orangenblüten kurz nach dem Regen. Es erfrischt mich, stärkt meine Sinne und Phantasie“, notierte Giovanni, nachdem er sein „aqua mirabilis farina“ fertiggestellt hatte. Das Tandem der Geschwister verband Handels- und Vertriebskompetenz mit dem intuitiven Gespür für gute Düfte. So wurde aus der Komposition Giovannis das Eau de Cologne – das erfolgreichste Parfüm der Welt. Es hob sich wohltuend von den schweren Düften der Rokokozeit ab und fand daher schnell viele Liebhaber: In den sorgfältig geführten Lieferantenbüchern des Firmenarchivs findet sich das Who's who des europäischen Hochadels und prominenter Persönlichkeiten aus Politik, Wirtschaft und Kultur. So bestellte etwa der Kölner Kurfürst Clemens August 40 Flaschen im Monat, Napoleon Bonaparte brachte es auf eine Flasche am Tag. Sie alle lebten damals in prekären sanitären Zeiten und statt täglicher Waschungen war der ausgiebige Gebrauch von Duftwasser in Mode. Seitdem eroberte die norditalienisch-rheinische Koproduktion den Weltmarkt.

TIPP **Mit der Schmalspurbahn durch das Centovalli von Domodossola nach Locarno und wieder zurück.**

La Casa del Profumo, Piazza Risorgimento 5, I-28857 Santa Maria Maggiore

EAU DE COLOGNE
Cologne
1709

Turm-Highlight

6 *Torre di Barbaresco, Barbaresco*

Schon der verglaste Aufzugschacht ist ein Erlebnis. Da gleitet auf der ersten Etage der Multimediaraum des Museums Cavazza vorbei, das die Geschichte des Barbaresco-Weins erzählt. Auf der zweiten Ebene blickt man in ein interaktives Labor für sensorische Analyse, wo sich Besucher an der chemischen und olfaktorischen Erforschung von Wein, Trüffeln, Haselnüssen oder Honig versuchen können. Und dann: Die Rundblicke von der Panoramaterrasse des Torre di Barbaresco über die Weinberge der Langhe und des Monferrato sind überwältigend. Am Horizont erhebt sich die Alpenkette und unten schlängelt sich in 200 Meter Tiefe der Fluss Tanaro durch sein Bett. 36 Meter reckt sich der größte und massivste Turm des Piemonts über die Stadt und ihre Weinhügel. Er ist nicht nur ein vielbesuchter Aussichtspunkt, vielmehr ist er ein Symbol für die Wachstumsenergie der Stadt, die ihren Wohlstand ihrem berühmten Wein verdankt. Das historische quaderförmige Backsteingebäude ist in Verbindung mit modernen Stahl- und Glaskonstruktionen ein architektonischer Hingucker und eine Landmarke der gesamten Region. Unten im Museum kann man sich mit den Geheimnissen des Barbaresco vertraut machen oder wie schon erwähnt den Inhaltsstoffen von Lebensmitteln auf die Spur kommen. Um dann den Besuch bei Imbiss und Weinprobe auf der Dachterrasse ausklingen zu lassen – und der Sonne dabei zuzuschauen, wie sie sich allmählich hinter die Weinberge verzieht. Wie viele Jahrhunderte der Turm die Stadt schon dominiert, ist nicht gesichert. Wahrscheinlich war die Festung von Barbaresco bereits in römischer Zeit mit diesem Wachposten ausgestattet. Die Nähe zur Handelsstadt Alba und zum damals schiffbaren Tanaro könnte eine strategische Sicherung durch die Eroberer aus Rom erfordert haben. Vor ihnen suchte man damals auch in den umliegenden Wäldern Zuflucht, im Wald der Barbaren, wie die neuen Herren sie nannten. Sodass Barbaricum die Keimzelle für die Bezeichnung des Barbaresco sein könnte.

TIPP

Weineinkauf in der Enoteca Regionale del Barbaresco – in einer ehemaligen Kirche.

Torre di Barbaresco, Via Torino 67, I-12050 Barbaresco

Schreib mal wieder!

7 *Officina della Scrittura, Turin*

Wer schreibt schon noch mit der Hand? Heutzutage tippt man doch alles in den Computer oder das Handy. Höchstens einen Einkaufszettel notieren wir noch handschriftlich. Stirbt also im digitalen Zeitalter eine Kulturtechnik? Wenn das der Trend ist, lässt er jedenfalls die Turiner Manufaktur Aurora erfolgreich unangefochten. In Kooperation mit Künstlern und Designern entstehen dort ganz besondere Füllfederhalter: begehrte Kultobjekte für den persönlichen Schreibstil. 2019 feierte das kleine Unternehmen seinen 100. Geburtstag und eröffnete zu diesem Anlass ein einzigartiges Museum zur Technik- und Kulturgeschichte des Schreibens. Die multimediale Ausstellung mit Restaurant, Cafeteria und einer Buchhandlung hat in einem alten Benediktinerkloster gleich neben den Aurora-Werksgebäuden in einer imposanten ehemaligen Spinnerei ihren Platz gefunden. Zehn ikonische Füllfederhalter stehen in der Dauerausstellung der Turiner Schreibwerkstatt für die Etappen der Unternehmensgeschichte und schlagen dabei einen historischen Bogen der Schreibkultur. Tintenfässer und Gänsekiele, historische Schreibmaschinen und ägyptische Papyrusbögen, alte Kugelschreiber, handschriftliche Briefe berühmter Künstler und Persönlichkeiten sowie Federhalter mit Goldfedern – der Museumsbesuch in der Officina della Scrittura ist eine Zeitreise voller Assoziationen. „Es gibt keine Kultur ohne Zeichen", wird Umberto Eco in der Ausstellung zitiert. Von der Höhlenmalerei mit angespitzten Steinwerkzeugen bis zu digital generierten Schriften auf mobilen Endgeräten: Die menschliche Fähigkeit, Symbole zu erzeugen und sie mit neuen Technologien zu optimieren, hat erst vielfältiges Wissen ermöglicht und menschliche Kultur geschaffen. Ein exquisiter Füllfederhalter zum bestandenen Abitur oder ein Designkugelschreiber zur Beförderung – Schreibgeräte sind immer noch ein exklusives Geschenk für außergewöhnliche Anlässe, ein Präsent mit Stil, heißt es in der Werbung für Aurora. Die Umsätze der Firma geben dem recht.

TIPP

Runde im Naturschutzgebiet Meisino und dem Isolone di Bertolla beim Zusammenfluss von Po und Stura.

Officina della Scrittura, Strada Abbadia di Stura 200, I-10156 Turin
www.officinadellascrittura.it
ÖPNV: Bus 93, 57, Haltestelle Bertolla

Zimmer 106

8 *Grand Hotel des Iles Borromées, Stresa*

„Ernest Hemingway – ein alter Kunde“, schrieb der Schriftsteller im Jahr 1948 in das Gästebuch des Grand Hotel des Iles Borromées in Stresa. Vor 30 Jahren war er hier schon einmal abgestiegen, in diesem Ambiente von Eleganz, Luxus und Wohlbefinden am Lago Maggiore – um sich nach einem Aufenthalt in einem Mailänder Krankenhaus von seinen Kriegsverletzungen zu erholen. Damals checkte er für das Zimmer 106 ein – heute die legendäre Hemingway-Suite. Er genoss hier die Aussicht auf die Inseln und die Bergkulisse, plauderte an der Bar, nahm den High Tea auf der Terrasse ein. Und begann im schattigen Park und auf seiner Zimmerterrasse mit seinem autobiografischen Roman „Farewell to Arms“ (In einem anderen Land). Für seine Inspiration wusste sich der Schriftsteller in einer besonderen Umgebung. Die Hotelsäle sind im Louis-seize-Stil und in weichen Creme- und Pistazienfarben gehalten. Die Essräume, von imposanten Kronleuchtern illuminiert, gleichen Spiegelsälen, und im ausladenden Park lässt sich nach dem Dinner wunderbar flanieren. Es ist die Hoteliersfamilie Omarini aus Stresa, die im Jahr 1861 die Zeichen der Zeit erkannte. Die ersten Touristen, vorzugsweise begüterte Briten, entdeckten damals den Lago Maggiore als mediterrane Sommerfrische. Den Weg dorthin öffnete 1906 der Simplontunnel, und bald machten internationale Luxuszüge wie der Orient-Express fahrplanmäßig in Stresa Station. Das Hotel entwickelte sich zum Hotspot der High Society und der internationalen Diplomatie. Prominente Staatsoberhäupter und Milliardäre, Diktatoren und Nobelpreisträger, Maler und Schriftsteller logierten hier und zahlten dafür nicht nur saftige Preise, sondern auch auf das Prestige des Fünf-Sterne-Hotels und Symbols der Belle Époque am Lago Maggiore ein. Von der Terrasse der Hemingway-Suite blickt man auf das stimmungsvolle Städtchen Stresa, den See und die Borromäischen Inseln. Heute quartieren sich hier insbesondere wohlhabende Russen und Scheichs aus Arabien mit ihrer Entourage ein.

TIPP Die Schiffe zu den Borromäischen Inseln legen unmittelbar an der Piazza in Stresa ab.

Grand Hotel des Iles Borromées, Corso Umberto I, 67, I 28838 Stresa
www.borromees.com
ÖPNV: Bahnhof Stresa

Wirklich unterirdisch

9 *Cattedrali sotterranee, Canelli*

Es gibt Kathedralen, deren Türme in den Himmel aufragen, und es gibt Kathedralen im Verborgenen, zu denen man hinuntersteigt: in riesige Tunnel, kilometerlange Tonnengewölbe mit voluminösen Seitenschiffen. Zum Beispiel in Canelli. Die Stadt gibt es gleich zweimal: einmal als kleines Ensemble von Straßen, Häusern und Piazzas und einmal unterirdisch. In der Tiefe hat man ein Verbundsystem in den Tuff geschlagen: gigantische Säle, Gänge und Hallen, in denen Wein lagert. Zwischen dem 16. und dem 19. Jahrhundert höhlten die Winzer von Canelli den Untergrund auf mehr als 20 Kilometer Länge aus und schälten ein Tunnelsystem und einen Verbund von Galerien aus dem Stein. Heute lagert hier vor allem Spumante, Millionen von Flaschen auf Paletten und in Holzgestellen in optimaler Luftfeuchtigkeit. Die Bedingungen sind perfekt, denn in einer Tiefe von bis zu 25 Metern unter der Erde herrscht das ganze Jahr über eine fast konstante Temperatur von 15 Grad. Das bekommt dem Spumante so gut, dass der Ruf der Cattedrali sotterranee von Canelli bis nach China, in die USA, nach Neuseeland und Indien reicht. Aber nicht nur in Canelli trifft man auf solche unterirdischen Weinwelten. Auch in 14 anderen Weinorten des Monferrato und der Langhe haben die Menschen den Untergrund unter ihren Häusern in unterirdische Kathedralen verwandelt. Seit dem Jahr 2014 gehören sie zum UNESCO-Weltkulturerbe. In Canelli sind sie seit Generationen im Besitz der renommierten Weinkellereien Contratto, Bosca, Gancia und Coppo. Viele Jahrhunderte wanderten die Kellermeister durch die Tunnelsysteme, in denen früher vor allem der in den Fürstenhäusern beliebte süße Muskat-Weißwein reifte. In der Mitte des 19. Jahrhunderts begann die Ära des Asti Spumante und damit die Technik der Remuage, das behutsame ständige Drehen der Schaumweinflaschen von Hand. Bis heute sorgt sie für die Reifung des Weins und die Beseitigung seiner Ablagerungen. Der Besuch des unterirdischen Canelli endet natürlich mit einer Weinprobe.

TIPP In der Osteria Meravigliati in Canelli isst man gut und im Sommer lockt der weitläufige Innenhof.

Cattedrali sotterranee, Weinkellerei Contratto, Via Giovanni Battista Giuliani 54, I-14053 Canelli
www.contratto.it

Zähne der Zeit

10 *Zahnradbahn Superga, Collina Superga, Turin*

Mit 14 Stundenkilometern arbeitet sich die Zugmaschine vom Bahnhof Sassi hoch zur Superga Station auf 660 Metern – durch zwei Tunnel, über zwei Brücken und mit einer maximalen Steigung von bis zu 21 Prozent. Die Zähne des Triebwagens haben die Waggons dahinter fest im Griff. „Dentiera“ (Gebiss) nennen die Turiner daher die beliebte Verbindung. Am 26. April 1884 fand die erste Fahrt statt, damals mit einer Standseilbahn. Der kleine Zug wurde von einem Motor angetrieben, der ein Stahlseil zog, das parallel zur Strecke auf Rollen lief. 1934 wurde die Anlage dann in eine zahnradgetriebene Straßenbahn umgebaut, die heute eine Reise in vergangene Zeiten und ein herrliches Panorama bietet. Der Triebwagen vorneweg stammt noch aus den 1930er-Jahren, die rot-grünen Originalwaggons mit ihren Holzbänken, altmodischen Türen und großen Fenstern aus dem 19. Jahrhundert. Sie wurden allesamt restauriert, während die vier historischen Bahnwärterhäuschen an der Strecke Luxushäusern weichen mussten. Die erste Bahn startet um 9, die letzte im Sommer um 21 Uhr, nur mittwochs fährt kein Zug. Etwa 16 Minuten dauert die Auffahrt, während der nach und nach die Metropole aus der Vogelperspektive in den Blick kommt: das von den Flüssen Po und Dora durchzogene städtische Ensemble vor dem gewaltigen Bergpanorama der Westalpen. Oben an der von Filippo Juvarra erbauten ockergelben Basilica di Superga mit ihrer imposanten Kuppel angekommen, stockt der Atem. Den Architekten Le Corbusier hat die Panoramalage zu der Aussage verführt, die Collina Superga sei der bezauberndste Ort der Welt. Am 4. Mai jedes Jahres verwandelt sich dieser allerdings in einen Ort der Trauer. Denn im Jahr 1949 zerschellte an dem Berg ein Flugzeug mit der gesamten Fußballmannschaft des legendären Clubs Grande Torino, auch alle Begleiter, Journalisten und die Crew starben. Eine Gedenktafel erinnert auf der Collina an die Katastrophe – die durch den Einschlag zerstörten Mauern neben der Basilika wurden nicht wiederaufgebaut.

TIPP

In der Talstation der Zahnradbahn dokumentiert ein kleines Museum deren Geschichte.

- **Funicolare Superga (Start an der Stazione Sassi), Piazza Gustavo Modena, I-10132 Turin**
- **ÖPNV: Bus 61, 68, Haltestelle Sassi-Superga; Straßenbahn 15, Haltestelle Sassi-Superga**

Landschaftsbilder

11 *Torre dei Contini, Canelli*

Rebenreihen wie mit dem Lineal gezogen, endlose Weinberge in geschwungenen Linien, so weit das Auge reicht. Die Abendsonne steht schon tief über den Hügeln, nach und nach legt sich der Schatten über die Weinstöcke, die jetzt kurz vor der Lese in sattem Rot und Gelb leuchten. Auf den Kuppen stapeln sich alte Häuser zu schönen Dörfern. In der Ferne auf der einen Seite die Alpenkette, der ligurische Apennin auf der anderen, davor weitet sich die einzigartige Hügellandschaft der Langhe-Roero und des Monferrato. Der antike Wehr- und Wachturm Torre dei Contini ist ein faszinierender Aussichtspunkt, der zum Schauen und zum Staunen einlädt. Einst markierte er die Grenzen der Stadt Canelli, wo der Spumante in gigantischen unterirdischen Tonnengewölben reift. Die Blicke streifen erneut über die Hügel nahe Canelli. Endlos scheinen die Rebenreihen zu sein, in präzisen Abständen gepflanzt, in Reih und Glied – Weinberge als Monokultur, ohne Baum und Strauch, nichts scheint hier mehr zu blühen und zu wachsen außer Wein. Ist hier eine Natur-, Kultur- oder gar Maschinenlandschaft zu sehen, deren beeindruckende Ästhetik den Schmalspurtraktoren zu verdanken ist? 360 Millionen Kilogramm Trauben wachsen jährlich auf den Rebenhängen der geometrisch gezirkelten piemontesischen Hügel. Sie liefern dank diverser Klimazonen, Bodenarten, Rebsorten und Anbaumethoden eine ungeheure Vielfalt an Weinen. Jährlich produzieren die piemontesischen Winzer 3 Millionen Hektoliter Wein, vor allem die besonders geschätzten Rotweine der Rebe Nebbiolo mit den Flaggschiffen Barolo und Barbaresco. Die außergewöhnliche Weinlandschaft der Langhe und des Monferrato, die sich vor den Augen des staunenden Betrachters auf dem Torre dei Contini zu allen Seiten hinzieht, hat die UNESCO 2014 zum Weltkulturerbe erhoben als lebendiges Zeugnis der historischen Tradition des Weinanbaus, der Weinbereitungsprozesse, eines sozialen, ländlichen und wirtschaftlichen Gefüges, das auf der Kultur des Weins basiert.

TIPP In der Osteria Verderame in Castiglione Tinella wird man freundlich und mit gutem Essen empfangen.

Torre dei Contini, Regione Santa Libera 33, I-14053 Canelli

12 *Ponte dei Dinelli, Scopa, Valsesia*

Die einfache, etwas abseits gelegene Steinbrücke über den Fluss Sesia wirkt unscheinbar, ist aber eines der bedeutendsten Viadukte des Planeten Erde. Denn die schöne Brücke verbindet zwei Territorien: Auf der einen Uferseite ist man noch auf dem europäischen Festlandsockel, auf der anderen Seite setzt man den Fuß auf die afrikanische Platte. Diese kontinentale Nachbarschaft begann hier vor etwa 300 Millionen Jahren. Noch war die Erde eine einzige zusammenhängende Landmasse mit zahlreichen Vulkanen, bis sich im Valsesia eine vulkanische Megakatastrophe ereignete. Mehr als 500 Kubikkilometer Magma, brennende Wolken und Asche veränderten Landschaft und Klima und hinterließen einen Krater mit einem Durchmesser von 30 Kilometern. 100 Millionen Jahre später löste sich Afrika von Südamerika und bewegte sich auf seiner Drift allmählich auf Europa zu. Die Kontinente kollidierten, die dabei wirkenden unvorstellbaren Kräfte hoben die Erdkruste an und falteten die Alpen auf. Die Kontakt- und Bruchlinie der afrikanischen und europäischen Platte verläuft just unter der Sesiabrücke und hinterlässt Steine wie geschichtete Kuchenstücke, Felsen mit wundersamen Einschlüssen in schillernden Farben – was internationale Geologen, Touristen und Schulkassen ins Tal der Sesia lockt. Denn der weltweit einmalige Zusammenprall der Kontinente an dieser Stelle hat einen zusätzlichen Nutzen. Die Erdkräfte drehten nämlich damals den Supervulkan um 90 Grad und machten auf diese Weise die unterirdische vulkanische Architektur an der Oberfläche sichtbar. Die Brücke ist daher zu einem Hotspot für Erdbeben- und Vulkanforscher geworden. Hier startende Exkursionen für Laien bietet auch der Geopark Sesia Val Grande an. Übrigens: Die Winzer aus den nah gelegenen Hügeln von Ghemme und Gattinara verdanken den besonderen Charakter ihrer Weine auch der Jahrmillionen alten Vulkanasche in ihrem Terroir. Viele von ihnen haben daher die Umrisse eines Supervulkans auf ihren Flaschenetiketten.

TIPP Mit dem Sessellift von Scopello hoch auf die idyllische Alpe di Mera – zum Wandern oder zum Skifahren.

Ponte dei Dinelli, Frazione Dinelli, I-13027 Scopa (am Fluss Sesia)

Mit Schirm und Charme

13 *Museo dell'Ombrello e del Parasole, Gignese*

Um ihren Job als Kindermädchen anzutreten, schwebte Mary Poppins mit aufgespanntem Regenschirm vom Himmel ein. Pinguin, der hinterlistige Gegenspieler Batmans, verließ sich auf seine zu Schuss- und Laserwaffen umgerüsteten Schirme. Marilyn Monroe posierte am Strand mit einem rot-gepunkteten Exemplar. Und mit Schirm, Charme und Melone gingen Emma Peel und John Steed auf Verbrecherjagd. Dieser (pop)kulturelle Umgang mit Regen- und Sonnenschirmen hat eine lange und überaus kurzweilige Geschichte. Die erzählt ein in Italien einzigartiges Museum, das Museo dell'Ombrello e del Parasole in Gignese, auf 700 Meter Höhe über Stresa und dem Lago Maggiore gelegen. Mehr als 1500 Schirme sowie Fotos und Werkzeuge für ihre Herstellung sind Teil der Sammlung des Museums, das nicht von ungefähr hier beheimatet ist. Auf den Schirm gekommen sind nämlich findige Handwerker aus der Region. Wir schreiben das 19. Jahrhundert und es ist die Zeit des beginnenden Tourismus, als begüterte Briten und andere Europäer den Lago Maggiore und Stresa als Sommerfrische entdeckten. Aber kein Sonnenstrahl sollte der vornehm blassen Haut der hochgestellten Damen etwas anhaben. So kamen die Tüftler vor Ort auf die Idee, ihnen Sonnenschirme als kunstfertige Schmuckstücke anzubieten. Das Handwerk wurde zu einem blühenden Berufszweig, der die Gegend bekannt machte und sich durch Wanderhandwerker in Europa weiterverbreitete. Untereinander verständigten sich die Schirmspezialisten der verschiedenen Länder mit Tarùsc, einer Art Esperanto. Wahrscheinlich waren die Piemontesen nicht die ersten Schirmmacher. Historiker vermuten, dass sie in China, Indien oder Ägypten erfunden wurden. Der Schirm war von Anfang an auch ein Symbol der Macht, in China etwa gehörte der Zeremonienschirm zu den Accessoires des Kaisers, in Ägypten durften nur Adelige Schirme verwenden. Heute sind sie banale Alltagsbegleiter, deren kuriose Geschichte das kleine Schirmmuseum in Gignese auf zwei Etagen unterhaltsam erzählt.

TIPP Das Restaurant des Golfclubs von Gignese ist ein geschichtsträchtiger Ort für einen Imbiss.

Museo dell'Ombrello e del Parasole, Viale Golf Panorama 2, I 28836 Gignese
www.museodellombrello.org

MUSEO dell'OMBRELLO
e del PARASOLE

Der Meister von Elva

14 *Fresken in der Chiesa Santa Maria Assunta, Elva*

Es ist ein Rätsel. Warum nur verschlug es den flämischen Künstler Hans Clemer in diese abgelegene südwestliche Ecke des Piemonts? In einen Weiler ganz hoch oben im unwegsamen Bergland? Elva heißt der auf 1600 Meter Höhe hinter Saluzzo in den Westalpen gelegene winzige Ort, in dem sich die der Heiligen Jungfrau Maria geweihte Kirche befindet, die Hans Clemer, der 1480 geborene Hofmaler des Markgrafen von Saluzzo, mit großartigen Fresken ausgemalt hat – Bilder aus dem Leben Marias und eine monumentale Kreuzigungsszene. Wegen der Leuchtkraft der Farben, der ausdrucksstarken Figuren und der perspektivischen Gestaltung gilt der gut erhaltene Freskenzyklus als sein herausragendes Werk. Die Farbe Gold spielt eine besondere Rolle, zugleich eine für Clemer typische Brillanz und Leichtigkeit. Elva liegt auf einem Bergkamm zwischen dem Valle Maira und dem Valle Varaita – zwei sich gegenseitig an Schönheit und Ursprünglichkeit überbietende Wanderparadiese. Egal von welcher Talseite man den gewundenen Weg hoch nach Elva nimmt, die Auffahrt ist spektakulär und ein einzigartiges Landschaftserlebnis. Zwar sind nirgendwo sonst in den Alpen die Gebirgszüge so entvölkert wie hier an der Grenze zwischen Italien und Frankreich, aber Einheimische und Zugewanderte haben sie in den letzten Jahrzehnten mit einem Netz alter Wege und Maultierpfade doch wieder zu neuem Leben erweckt. Die Wanderungen führen über sattgrüne Almweiden, vorbei an Sturzbächen und Bergseen und durch einsame Dörfer. Vereinzelt schweben Kirchen über schwindelerregenden Felsvorsprüngen und der Blick geht auf schroffe Dreitausender. Das Okzitanische ist hier vielerorts unter den Bergbewohnern noch lebendig. Auch Hans Clemer hatte einen französischen Hintergrund. Er war in Südfrankreich tätig, bevor er seinen künstlerischen Wirkungskreis in das Piemont verlegte und dort in der Markgrafschaft großartige Werke hinterließ. Der sogenannte Meister von Elva starb vermutlich Anfang des Jahres 1512 in Saluzzo.

TIPP Der Rundwanderweg A Spass per Lou Viol führt auf Maultierpfaden zu allen Weilern von Elva.

Chiesa Santa Maria Assunta, I-12020 Elva

Ist die Kirche verschlossen, nebenan in der Locanda San Pancrazio nach dem Schlüssel fragen

repulsu a teplo per sumu sacerdotem
Sicut ioachi amplexando scta

Ganz auf der Höhe

15 *Lounge-Bar im Hochhaus Intesa Sanpaolo, Turin*

Zum Aperitivo in dieser Lounge-Bar geht es hoch hinaus. Man nimmt den Aufzug in die 37. Etage und ist Gast in einem zweifellos außergewöhnlichen Wolkenkratzer. Tief unten breitet sich Turin mit seinem einheitlichen barocken Stadtbild aus, umgeben von einer sanften Hügellandschaft, während sich am Horizont dramatisch die Alpenkette erhebt. Nach innen fällt der Blick in ein Gewächshaus, in dem Eukalyptus, Akazien und Lavendel für gutes Klima sorgen. 100.000 Quadratmeter Fläche, 2.500 Arbeitsplätze, 38 oberirdische und 6 unterirdische Stockwerke, eine halbe Milliarde Euro Bau- und Entwicklungskosten: Der Glasturm des Stararchitekten Renzo Piano wartet mit Superlativen auf, besticht aber vor allem mit seiner beinahe klimaneutralen Energiebilanz. Die katapultiert ihn in die illustre Gruppe der zehn umweltverträglichsten Hochhäuser der Welt und hat ihm deswegen 2015 eine Auszeichnung des Green Building Councils eingebracht. In Turin entfachte der Bau dieses Hochhauses allerdings eine Kontroverse. „Lasst uns nicht am Himmel von Turin kratzen", war die Losung der Hochhausgegner, die die historische Skyline der Stadt unangetastet sehen und den Baubeginn im Jahr 2010 verhindern wollten. Gebaut wurde trotzdem, aber ganz erfolglos waren sie nicht. Denn immerhin erreichten sie, dass der Gebäudeturm die Mole Antonelliana als historisches Wahrzeichen von Turin nicht überragt. Das Hochhaus ist nun 25 Zentimeter niedriger als die Mole. Auch die Wogen haben sich mittlerweile geglättet, was der wegweisenden Umweltarchitektur Renzo Pianos zu verdanken ist. Die Architekten und Bauherren haben aus dem „grattacielo" nämlich ein für die Stadtgesellschaft offenes und einladendes Gebäude gemacht. Im Piano 35 speist man in einem exquisiten Restaurant, im 36. Stockwerk ist Platz für Kunstausstellungen und Veranstaltungen. Und die Lounge-Bar in der 37. Etage ist so beliebt, dass man vorher reservieren sollte. Dann Turin bei einem Cocktail aus der Vogelperspektive zu erleben ist unvergesslich.

TIPP

Glaskunstwerk „La Totalità" von Costas Varotsos im Giardino Grosa neben dem Hochhaus.

Lounge-Bar Grattacielo Intesa Sanpaolo, 37. Stock, Corso Inghilterra 3, I-10138 Turin
www.grattacielointesasanpaolo.com
ÖPNV: U-Bahn M1, Haltestelle Porta Susa

Wie vom Mars

16 *Santuario di San Magno, Castelmagno*

Am 19. August jedes Jahres wird ein Heiligtum im Valle Grana auf fast 1800 Meter Höhe zu einer Freilichtbühne. Ein kleines Wachbataillon in vollem Ornat, mit farbenfrohen Schärpen und Federhüten dekoriert, umrundet den Kreuzgang der eindrucksvollen Bergkirche in Begleitung einer munter aufspielenden Blaskapelle. Zum Patronatsfest des Heiligen Markus, des Schutzheiligen der Tiere, machen sich auch zahlreiche Pilgergruppen auf den Weg und bringen auf Okzitanisch ihre Fürbitten an San Magno zum Ausdruck. Drinnen beginnt der Gottesdienst, für den sich die Bürger der Talgemeinden in Schale geworfen haben. Einst stand hier nur eine kleine Kapelle. Als aber zum Ende des 17. Jahrhunderts Hungersnöte und die Maul- und Klauenseuche den Viehbestand in der Region dezimierten, hielt sie dem Zustrom kaum noch stand. So bekam im Jahr 1716 der Kult um den heiligen Tierschützer mit dem Neubau der Wallfahrtskirche von Castelmagno ein größeres Zuhause. Und umherwandernde Hirten einen komfortablen Ort der Einkehr. Als die Kirchenherren im Jahr 1894 den Boden einer an das große Kirchenschiff angelehnten Kapelle absenken ließen, legten sie auch einen dem Gott Mars geweihten Steinaltar frei. Dieser römischen Gottheit war das Wohl und Wehe des Viehs ein besonderes Anliegen, so feierten hier oben also schon die Römer ihre Gottesdienste zu Ehren eines Tierschützers. Vielleicht gedeihen in dessen Schutz die Rinder, Schafe und Ziegen, die die Milchmelange für den köstlichen Castelmagno-Käse liefern, auf den Berghängen rundum so gut. Die Reliquien des Heiligen Magnus sollen noch vor Ort sein und locken auch heute Pilger in beträchtlicher Zahl an. Sie finden hier neben dem Restaurant mit Halb- und Vollpension auch Übernachtungsmöglichkeiten vor. Die Wallfahrtskirche, wie wir sie heute sehen, gilt mit ihren erstaunlichen Freskenmalereien als eine besondere Schatzkammer italienischer Künstler. Auch ohne den Glauben an den Heiligen Magnus lässt sich hier oben auf dem Berg die Welt unten vergessen.

TIPP In der Azienda Agricola ALPE Chastlar gibt es Castelmagno-Käse direkt vom Erzeuger.

Santuario di San Magno, Via Don Giacomo Mascarello 1, I-12020 Castelmagno

Der Preis ist heiß

17 *Reisbörse Borsa Merci, Vercelli*

100 Gramm entscheiden. Im kleinen Labor im ersten Stock des mächtigen Marmorgebäudes der wichtigsten Reisbörse Europas in Vercelli geht es zu wie in einer industriellen Reismühle. Nur in kleineren Dimensionen. Schäl- und Mahlmaschinen kommen hier zum Einsatz, ein Scanner durchleuchtet Reiskörner, Schüttelsiebe trennen die Spreu. Denn wer will schon die Katze im Sack kaufen? Der potenzielle Käufer will wissen: Wie viel geschliffenen Reis wird das Rohprodukt schließlich liefern? Denn die Körner können Flecken aufweisen, beschädigt oder von Parasiten befallen sein. Die Qualität macht schließlich den Preis, das heißt den Tageskurs, zu dem der jeweils angebotene Reis gehandelt wird. Die entscheidende Probe hat der Reis noch unter den Augen des Einkäufers zu bestehen. Der lässt die Körner durch die Finger rinnen, befühlt sie, rollt sie hin und her. Rund um die kleinen Tische im Saal versammeln sich Grüppchen von Landwirten, Industriellen und Maklern, sie argumentieren, palavern, unterschreiben Dokumente. Über dieses Geschehen wacht im Parterre die Bronzebüste des Conte di Cavour, des Baumeisters jenes Kanals, der seit der Mitte des 19. Jahrhunderts die Reisfelder in der Poebene bewässert und ohne den der ganze Auftrieb hier wohl nicht stattfinden würde. Italien liefert mit fast 240.000 Hektar und 4000 Reisproduzenten 50 Prozent der europäischen Reisproduktion, jedoch mit schmaler werdenden Erträgen, da den norditalienischen Reisbauern die Billigimporte aus Südostasien zu schaffen machen. Die Regierung in Rom plant, mit einer zentralen digitalisierten Handelsplattform auf die Globalisierung des Reismarktes zu antworten. Aber was bringen internationale Notierungen in Echtzeit, sagen viele Akteure der Branche, wenn dabei der Reis nicht mehr durch die Finger rinnt, die taktile Qualitätsprüfung des sensiblen Naturproduktes Reis verloren geht. Aber noch tut das Labor in der europäischen Reishauptstadt an jedem Dienstag zuverlässig seinen Dienst.

TIPP Die Restaurants und Cafés auf der Piazza Cavour in Vercelli sind ein guter Platz zum Verschnaufen.

Reisbörse Borsa Merci, Camera di commercio di Vercelli, Piazza Risorgimento 12, I-13100 Vercelli
ÖPNV: Bahnhof Vercelli

Magie auf ganzer Linie

18 *Piazza Castello, Turin*

Nicht an, sondern in Turin scheiden sich die Geister. Denn auf der Piazza Castello, also mitten im historischen Zentrum, soll am großen Tor zum Königspalast, dem Palazzo Reale, zwischen den zwei Reiterstatuen von Castor und Pollux eine besondere Demarkationslinie verlaufen. Auf der einen Seite ist man noch im Territorium der weißen, jenseits davon aber schon im Revier der schwarzen Magie, wo böse Kräfte Unheil und Verderben bringen. So jedenfalls sieht es das esoterische Narrativ, dem Astrologen, Alchemisten und Wunderheiler, Hexen, Schamanen und Parapsychologen weltweit anhängen. Für sie ist Turin eine magische und okkulte Stadt. Dass einst das Heilige Grabtuch mit den Spuren des gekreuzigten Christus genau an diesem Ort der Öffentlichkeit gezeigt wurde, kann aus ihrer Sicht kein Zufall sein. Und studierten nicht im Mittelalter Magier und Alchemisten wie Nostradamus und Paracelsus in der Stadt? Ist das ver-rückte Turin nicht seiner Position auf dem 45. Breitengrad geschuldet, der besondere Energieströme des Planeten Erde bündelt? Eine große Anzahl von Tourismusorganisationen bietet Besuchern der Stadt am Zusammenfluss der Flüsse Po und Dora – dort bilden sie ein Y, also wieder ein Hinweis auf eine Wegscheide von Gut und Böse! – Touren in das esoterische und unterirdische Turin an. Tatsächlich befinden sich im Untergrund der Stadt faszinierende und sagenumwobene Tunnel, Bunker, Gänge und Galerien. Viele davon ließen im 14. und 15. Jahrhundert die Mitglieder des Hauses Savoyen graben, um unerkannt die Paläste zu verlassen oder gegen militärische Übergriffe gewappnet zu sein. Glaubt man den esoterischen Geschichten, sollen unterhalb der Piazza Castello alchemistische Höhlen im Erdreich liegen und aus den königlichen Gärten Geheimgänge in ein mysteriöses Paralleluniversum führen. Noch sind diese Zugänge nicht gefunden, aber der Glaube versetzt ja sprichwörtlich Berge.

TIPP Auf ein Glas Wein und einen Imbiss in das Caffè Vini Ranzini in der Via Porta Palatina 9 g.

Piazza Castello mit Reiterstatuen Castor und Pollux, I-10124 Turin
ÖPNV: Bus 55, 56, Haltestelle Castello; Straßenbahn 13, 15, Haltestelle Castello

Über den Wolken

19 *Wanderung zum Monte del Falò, Lago d'Orta*

Der leicht ansteigende Weg vom kleinen Dorf Coiromonte entlang der Hänge des Mottarone ist eine Augenweide, vor allem wenn das Laub schon von den Bäumen gefallen ist, man einen schönen Tag erwischt und klare Sicht hat – dann eröffnen sich dem Wanderer unvergessliche Panoramablicke. Daher sollte man am besten im Frühjahr oder Herbst zur „passeggiata al Monte Falò (Tre Montagnette)" aufbrechen. Nach den ersten Metern gehen Heidekraut und Wacholderbüsche in hügelige Wiesen und Weiden über, und kaum hat man ein lichtes Birkenwäldchen passiert, stockt der Atem: Über den in leichten Dunst gehüllten ersten Bergketten der Alpen thront der Monte Rosa, majestätisch, imposant und auch ein wenig bedrohlich. Der Koloss scheint mit seinen schneebedeckten Zacken geradewegs den Himmel zu berühren. Das zweithöchste Bergmassiv der Alpen lässt den nahen Gipfel des Mottarone mit seinen 1500 Metern dagegen fast wie einen Zwerg erscheinen. Klar, diese Aussicht lädt zum Verweilen ein. Man sollte sich Zeit dafür lassen, aber dann doch unbedingt weiterlaufen, bis der Weg allmählich zu den Tre Montagnette und zum Monte del Falò ansteigt. Denn oben angekommen, wartet ein 360-Grad-Panorama, das ebenfalls sprachlos macht. In östlicher Richtung breitet sich riesig der Lago Maggiore aus. Dort unten liegt Verbania, von wo die Fährschiffe auf die andere Seeseite starten, weiße Fahnen auf dem Wasser hinter sich herziehend. Die schönen Westuferorte Cannero Riviera und Cannobio sind in Sichtweite, noch ein Stück weiter entfernt auch Ascona. Und auf der anderen Seite ruht in die Hügellandschaft eingebettet der Lago d'Orta. Tief im Süden meint man Mailand im Dunst zu erahnen, und ragt dahinten in den Westalpen nicht auch der spitze Bergkegel des Monviso auf? Über den Köpfen schweben Flugzeuge ein, haben die Alpen hinter sich gelassen und nehmen nun Kurs auf Malpensa und die Poebene. Es gibt Wege, auf denen man sich nicht sattsehen kann. Der Aufstieg zum Monte del Falò gehört dazu.

TIPP Die restaurierte Villa Nigra in Miasino beherbergt das charakteristische Ristorante Antico Agnello.

Monte del Falò, Coiromonte, I-28011 Armeno

Startpunkt des ausgeschilderten Weges in Coiromonte

Wasser ist Zukunft

20 *Schleusenhaus am Canale Cavour, Chivasso*

Es ist ein monumentales Ziegelsteingebäude, durch dessen insgesamt 21 Schleusentore Wasser in einen Kanal einfließt, der eines der bedeutendsten Wasserbauwerke Europas und ein architektonisches Juwel des Neoklassizismus ist. Der Mitte des 19. Jahrhunderts gebaute Canale Cavour hat die Poebene Norditaliens nachhaltig verändert, sie zum wichtigsten Reislieferanten Europas gemacht. Das zweigeschossige Edificio di Presa bei Chivasso überspannt die gesamte Kanalbreite und reguliert die Wasserentnahme aus dem Po. Ohne Wasser keine Zukunft – diese tiefe Überzeugung ließ den Initiator und Namensgeber des Kanals, den Grafen Camillo Benso di Cavour, über Jahre hinweg alle politischen, administrativen und technischen Hürden überwinden. Er revolutionierte mit seiner Pionierleistung die landwirtschaftliche Nutzung und Lebensweise der gesamten Region. Als Premierminister des Piemonts und als Mitgründer des modernen italienischen Nationalstaats koordinierte Cavour zwischen dem 1. Juni 1863 und dem 12. April 1866 14.000 Arbeiter, die sich mit Schaufeln und Hacken durch Moore, Feuchtland und Wiesen gruben und die Böschungen mit gestapelten Steinmauern befestigten. Cavour veranlasste auch die elegante Bogenbrücke, über die der Kanal bei Saluggia den Fluss Dora Baltea überquert. Er ließ bei der Gemeinde Greggio einen langen Stollen in Erde und Gestein treiben, um den Fluss Sesia zu untertunneln. Insgesamt 101 Straßen- und 62 Kanalbrücken halten den Wasserweg in seinem Bett und stellen so eine effektive territoriale Bewässerung sicher. Auf einer Länge von 83 Kilometern versorgt der Canale Cavour mit 110 Kubikmeter Wasser pro Sekunde ein ausgedehntes Territorium von 300.000 Hektar. Aus den Treidelpfaden entlang des Kanals sind mittlerweile mit dem Bau einer Ciclostrada faszinierende Radwege geworden. Wenn diese wie geplant in Zukunft mit dem europäischen Fernradweg von Turin nach Venedig verbunden werden, dann wird der Cavour-Kanal zu einem befahrbaren Industriemuseum.

TIPP

In der Trattoria della Villa in San Sebastiano da Po sitzt man sehr schön draußen in Panoramaposition.

Schleusenhaus am Canale Cavour, Edificio di Presa, Via Gerbido 23, I-10034 Chivasso

CANALE CAVOUR

Lichterfest

21 *Chanukkaleuchter im Museum, Casale Monferrato*

Kerzen, Gebäck, Geschenke und Bibeltexte: Das christliche Weihnachtsfest und das jüdische Lichterfest fallen beide in die dunkle Jahreszeit, scheinen sich ähnlich zu sein und sind doch ganz verschieden. Das Lichterfest feiert die jüdische Selbstbehauptung und im Mittelpunkt steht der achtarmige Kerzenleuchter, die Chanukkia. Das Fest erinnert an den sogenannten Makkabäeraufstand, der im Jahr 164 v. Chr. der brutalen Herrschaft der Griechen über die Juden in Jerusalem ein Ende setzte. Damit rückte der von den Besatzern geschändete und entweihte Tempel wieder in die Mitte des jüdischen Lebens. Aber das ewige Licht, das dort als Zeichen für die Anwesenheit Gottes ständig brennen muss, war erloschen und es gab nur noch einen winzigen Rest Öl. Doch wie durch ein Wunder brannten die Lichter des Leuchters sogar acht Tage lang – nämlich genau so lange, bis neues Öl gewonnen werden konnte. Weltweit gedenken heute Juden dieses Ereignisses, entzünden im Kreis von Familie und Freunden allabendlich eine weitere Kerze, beten, rezitieren aus der Thora, plaudern und stellen ihren Chanukkaleuchter sichtbar ins Fenster oder vor die Haustür – und setzen damit ein Zeichen gegen den Antisemitismus. Eine Sammlung im alten Backhaus der jüdischen Gemeinde in Casale Monferrato gibt den achtarmigen Leuchtern – oft haben sie einen neunten Arm, in ihm steckt die Kerze, mit der man die anderen anzündet – eine moderne Gestalt. Künstler, Architekten und Designer haben mehr als 250 Chanukkaleuchter kreiert: mal aus Händen geformt und in Bronze gegossen, dann wiederum mit Armen aus Streichhölzern oder wie Tulpenstängel, die aus einem Terrakottatopf wachsen. Viel Buntes ist darunter, aber auch Klassisches, die Sammlung ist so ideenreich wie anregend und spielt mit allen möglichen Materialien. Nicht von ungefähr ist sie in Casale Monferrato zu Hause. Die Stadt war über Jahrhunderte ein Zentrum jüdischen Lebens im Monferrato, wovon bis heute die im 16. Jahrhundert erbaute prächtige Synagoge zeugt.

TIPP Der Palazzo Anna d'Alençon in der Via Alessandria 26 hat einen der schönsten Innenhöfe der Stadt.

Museo d'Arte e Storia antica Ebraica, Vicolo Salomone Olper 44, I-15033 Casale Monferrato
www.casalebraica.info

Klare Linien – strenge Eleganz

22 *MAAM – Museum für moderne Architektur, Ivrea*

Der Stil Olivetti prägt die Industriestadt Ivrea, die seit 2018 UNESCO-Weltkulturerbe ist. Die Gebäude des Unternehmens dominieren ganze Stadtteile – ein Freilichtmuseum, das sich kompakt um die Via Jervis auf einem 2 Kilometer langen Spaziergang entdecken lässt. Zum MAAM, dem Museum für moderne Architektur, gehören auf einer Fläche von 72.000 Hektar die Olivetti-Werke selbst, aber auch die Mensa, Wohn- und Bürohäuser, das Forschungszentrum des Unternehmens, der Kinderhort und die Sozialeinrichtungen. Der Gründer Camillo Olivetti und später sein Sohn Adriano waren nicht nur Pioniere des Industriedesigns, sie waren soziale Unternehmer. Für sie war die Verbindung von innovativen Produkten und modernem Design mit der „comunità", einer gelebten Gemeinschaft, kein Widerspruch. Kindergärten und Mütterschutz, Gesundheitsversorgung, Betriebsschulen und Wohnungen für die Belegschaft waren Teil des Unternehmens. Und in der Mensa, einem von Terrassen, Grün und Sportanlagen umgebenen dreistöckigen Vieleck, trafen sich einst viele der 4000 Mitarbeiter mit ihren Familienangehörigen zu gemeinsamen Mahlzeiten. Der Firmengründer stammte aus einer begüterten Familie, unternahm um 1890 Studienreisen in die USA, besuchte die Weltausstellung in Chicago und auch die Ford-Werke und machte sich mit neuen feinmechanischen Produktionsmethoden vertraut. Nach seiner Rückkehr entwickelte er in Ivrea mit einem kleinen Team die erste italienische Schreibmaschine, die M1, die er 1911 auf der Weltausstellung in Turin der Öffentlichkeit vorstellte. Damit legte er den Grundstein für ein legendäres Firmenimperium. Die klassische Reiseschreibmaschine Lettera 22 wurde 1959 vom Illinois Institute of Technology als bestes Designobjekt der letzten 100 Jahre ausgezeichnet. „Eine Schreibmaschine muss Ernst und Eleganz verbinden", notierte Camillo Olivetti während seiner Entwurfsarbeiten. Die Lettera 22 ist mit den Fernschreibern, Buchungs- und Rechenmaschinen im Olivetti-Schreibmaschinenmuseum zu bestaunen.

TIPP

Mitten im Olivetti-Gelände liegt die Chiesa di San Bernardino mit ihren beeindruckenden Fresken.

MAAM – Museo a Cielo Aperto dell'Architettura Moderna mit Olivetti-Werken, Via Jervis, I-10015 Ivrea, www.mamivrea.it

Weitsicht

23 *Naturpark Oasi Zegna, Trivero*

Ermenegildo Zegna – das ist ein Name, bei dessen Nennung Kenner von edlen und besonders teuren italienischen Stoffen glänzende Augen bekommen. Ähnlich schwelgerisch war eine Investition, die die Familie Zegna nicht in die Konfektion, sondern in die piemontesische Landschaft bei Biella getätigt hat. Bei Trivero, dem Sitz der Wollweberei, gelangt man in den Naturpark der Oasi Zegna und von da auf einer schwindelerregenden Panoramastraße, der Panoramica Zegna, bis nach Biella. Ermenegildo Zegna, 1892 als jüngstes Kind einer zehnköpfigen Familie geboren, stieg 1910 in die kleine Stoffweberei seines Vaters ein und baute daraus nach dem Ersten Weltkrieg das weltweit erfolgreiche Imperium für Luxustextilien auf. Nach seinen eigenen Worten sollten seine Stoffe die schönsten der Welt sein. Nonno Gildo, wie er in der Familie hieß, war ein aufgeklärter, weitblickender Unternehmer. Nicht nur seiner Firma, sondern auch der Umwelt rund um seinen Heimatort widmete er sich mit Elan. Die wegen des Bedarfs der Holzheizungen abgeholzten Berghänge ließ er ab 1930 mit einer halben Million Nadelbäume aufforsten und mit Tausenden Rhododendren und Hortensien schmücken. 1993 wurde sein früher Einsatz für die Umwelt durch die Gründung der Oasi Zegna offiziell. Den frei zugänglichen, 100 Quadratkilometer großen Naturpark zwischen Trivero und dem Valle Cervo in den Alpen bei Biella quert über 26 Kilometer hinweg die 1938 eingeweihte und seither weiter ausgebaute Panoramica Zegna. Gleich am Anfang begeistert das lilarote Blütenspektakel des Sentiero dei Rododendri von Mai bis Juni. Auf der Weiterfahrt sind die Ausblicke von oben grandios: auf der einen Seite auf die Viertausender der Alpen und die Hänge des Valsesia, auf der anderen Seite hinunter in die Poebene. Bei der Bocchetta di Margosio kommt das gewaltige Massiv des Monte Rosa in Sicht. Neben dem einzigartigen Panoramablick gibt es noch einen weiteren guten Grund, hier haltzumachen: der hervorragende, an einem Kiosk angebotene Ziegenkäse.

TIPP An der Bocchetta di Margosio startet der Anello di San Bernardo, ein Rundweg mit Traumblicken.

Oasi Zegna mit Panoramica Zegna, I-13835 Trivero
www.oasizegna.com

Drei Schichten

24 *Caffè al Bicerin, Turin*

Unten sündhaft süße, heiße Schokolade, darüber ein kräftiger Espresso, obenauf eine Haube aus Crema di Latte – fertig ist der Bicerin, das Traditionsgetränk der Turiner, ein Glanzlicht aus der Welt des italienischen Kaffees. Seinen Namen verdankt er dem im Jahr 1763 gegründeten Caffè Al Bicerin. „Bicchierino" (Gläschen) ist damals ein Angebot an die Gläubigen, die nach dem Gottesdienst in der Kirche an der Piazza della Consolata eine Stärkung vor dem Heimweg suchten. Zur Legende wird das winzige Caffè al Bicerin durch seine illustren Gäste: Puccini, Nietzsche, Cavour, Gozzano und Calvino machten es zu ihrem zweiten Zuhause. Holzgetäfelte Wände mit großen Spiegeln, kleine, runde Marmortische, eine den Raum beherrschende Theke, auf Holzregalen aufgereiht große Glasbehälter mit bunten Bonbons – wer heute in dieses Café einkehrt, fühlt sich in vergangene Zeiten zurückversetzt. So gut wie nichts hat sich in den letzten 250 Jahren verändert – Al Bicerin hat sich Charme und Distinguiertheit bewahrt. Auch die Fassade aus dem 19. Jahrhundert ist noch immer mit einem altmodischen Reklameschild in großen goldfarbenen Lettern dekoriert. Und auf der anderen Straßenseite liegt wie früher die Kirche Santuario della Consolata mit ihrem mittelalterlichen Glockenturm. Allerdings verlangen heute seltener die Kirchgänger, dafür aber die Leckermäuler unter den Turinern und natürlich Gäste der Stadt nach dem kunstvoll geschichteten Mischgetränk. Zu einem Turinbesuch gehört sein Genuss unbedingt dazu. Auch Umberto Eco war ein Fan. In seinem historischen Roman „Der Friedhof in Prag" schildert sein Protagonist die Glückseligkeit dieser Umgebung „… mit den mit Spiegeln und Marmortischen verzierten Boiserien im Inneren". Übrigens: Den köstlichen Bicerin bekommt man auch in all den anderen wunderbaren Kaffeehäusern der Stadt. Dazu vielleicht ein Tramezzino – eine weitere kulinarische Erfindung Turins.

TIPP Gang durch das an Paris erinnernde Stadtviertel Quadrilatero mit seinen Läden, Kneipen und Cafés.

Caffè al Bicerin, Piazza della Consolata 5, I-10122 Turin
www.bicerin.it
ÖPNV: Bus 52, Haltestelle Giulio

CAFFE` CONFETTERI
CIOCCOLATO Tobler in tazza
in Tazza

Am Wasser gebaut

25 *Piazza Cisterna, Biella Piazzo*

Es ist eine Piazza wie aus dem Bilderbuch: von Arkaden und Palazzi gerahmt und mit Cafés und Restaurants rundum, die auf ihre im Sommer sehr belebten Terrassen einladen. Die Piazza Cisterna ist der schöne Mittelpunkt der pittoresken und zugleich ganz normalen Oberstadt Biellas. Aus den Gärten, engen Gassen und Höfen des mittelalterlichen Piazzo blickt man hinunter nach Piano, die Stadtlandschaft in der Ebene, wo es umtriebig und geschäftig zugeht. Wie Bergamo ist das traditionelle Woll- und Textilzentrum Biella eine auf zwei Ebenen geteilte Stadt, in der sich das alte Geschäftszentrum und die neueren Stadtteile unten in der Fläche ausbreiten und die älteren Quartiere oben auf dem Hügel liegen. Die erreicht man am besten mit dem Funicolare, der Standseilbahn, die noch aus dem 19. Jahrhundert stammt, aber – fast immer – verlässlich ihren Dienst tut. Während der Auffahrt fällt schon der ganz Piazzo charakterisierende Kontrast ins Auge: Neben eleganten, am Hang klebenden Palazzi liegen Gemüsegärten, in denen gejätet, gepflügt und gehackt wird. Piazzo stellt sich nicht aus. Seine Bewohner schätzen ihr lokales Öl und meinen damit das Wasser, das die treibende Ressource der Stadtentwicklung war und ist. Es hat die Entstehung und Entwicklung der Textilindustrie ermöglicht, hat den in der Naturlandschaft der Baraggia Biellese angebauten Reis berühmt gemacht, lässt die Quellen des leichtesten Mineralwassers Europas sprudeln und hat das lokale Bier zu einem Welterfolg gemacht. Auch die Besiedelung des historischen Herzens der Stadt ist dem Wasser zu verdanken. Um die Ecke der Piazza Cisterna liegt die Roggia del Piazzo, die Kanalanlage aus dem 12. Jahrhundert, die bis heute das Wasser des Wildbaches Oropa aus den Voralpen in die Stadtmitte bringt. Und einmal im Jahr läuft den Biellesen das Wasser im Munde zusammen, wenn sich die Piazza Cisterna in eine Festmeile verwandelt und sie während der Bolle di Malto die Vielfalt der regionalen Biere feiern.

TIPP Gut essen und in Büchern stöbern: im Caffè Ristoro Libreria Serale La Civetta in Piazzo.

Piazza Cisterna, I-13900 Biella Piazzo (Oberstadt, erreichbar mit dem Funicolare)

CARTA

Vorratskammer

26 *Ricetto di Candelo, Candelo*

Ein paar Schritte weg von der geschäftigen Piazza in Candelo kommt man in eine andere Welt. In ein mittelalterliches Ensemble von 200 Häusern, deren untere Geschosse als Scheunen und Speicher ausgebaut sind. Die mit Wehr- und Aussichtstürmen und einer Verteidigungsmauer gesicherte Anlage gehört zu den am besten erhaltenen Wehrdörfern Italiens und Europas. Die Gassen in ihrem Inneren sind mit Flusskieselsteinen gepflastert und haben eine leichte Neigung, damit das Regenwasser schnell abfließt. Denn die Einheimischen brachten einst ihr Wertvollstes hierher: Käse und Mehl, Wein und Getreide. Der Ricetto – „receptum" bedeutet im Lateinischen Schutz und Zuflucht – war ein Gemeinschaftsprojekt einer bäuerlichen Gemeinschaft, eine Schatzkammer in einer unruhigen Epoche. In Zeiten von Plünderungen und Überfällen durch die kriegerischen Völker Nordeuropas diente er als Lagerstadt. Diese Vorratskammer war sozusagen ein Tresor für das Überleben. Nur in Ausnahmesituationen suchten die Einheimischen selbst in den befestigten Silos Unterschlupf. Besonderes Augenmerk galt dem Wein: Die kostbaren Tropfen, die die Menschen in der Region seit Menschengedenken anbauten, sollten potenziellen Eroberern nicht in die Hände fallen. Daher ist im Ricetto der gemeinschaftliche Weinkeller ein zentraler Ort. Heute beherbergt er das auf den Rebensaft spezialisierte Ökomuseum von Biella. Dass der Ricetto di Candelo zum Club der schönsten Orte Italiens zählt, verwundert nicht. Auch nicht, dass er eine begehrte Kulisse für Film- und Fernsehprojekte abgibt. Hier wurden Serien wie „Der schwarze Pfeil" nach einem Roman von Robert Louis Stevenson und andere Filmklassiker gedreht. Die exponierte Lage des Ricetto öffnet den Blick auf die Bielleser Voralpen im Norden und die piemontesische Savanne der Baraggia im Süden. Dass sich in einigen der ansonsten unbewohnten Lagerhäuser Künstler Ateliers und Werkstätten eingerichtet haben, nimmt dem besonderen Ambiente nichts von seiner Ausstrahlung.

TIPP

Gut essen und trinken – die Locanda La Greppia im Ricetto di Candelo ist ein charaktervoller Ort.

Ricetto di Candelo, Piazza Castello 31a, I-13878 Candelo bei Biella

Süße Geheimniskrämerei

27 *Torta 900 in der Pasticceria Balla, Ivrea*

Zwei dünne Schichten Kakaobiskuit halten eine leichte und zarte Schokoladenmousse zusammen, die ein Hauch von Puderzucker garniert. Das Rezept für diesen Kuchen scheint denkbar einfach: Man nehme Eier, Milch, Butter, Zucker, verschiedene Mehle, Milch- und Zartbitterschokolade und fertig ist die Torte. Wenn es nur so einfach wäre! Denn was verleiht ihr bloß ihren besonderen Geschmack und ihre einzigartige Textur? Schon viele Bäcker haben versucht, dem Geheimnis des Rezepts für die Torta 900 auf die Schliche zu kommen. Im besten Fall sind sie ihm höchstens nahegekommen. Ende des 19. Jahrhunderts beschloss der Konditor Ottavio Bertinotti aus Ivrea, die Ankunft des neuen Jahrhunderts mit einer eigens kreierten Torte gebührend zu feiern. Seines Erfolgs offenbar gewiss, ließ er die Torta 900 durch ein patentiertes Markenzeichen schützen. Das Geheimnis blieb über Jahrzehnte gewahrt, auch dann noch, als der Gründer der zwischen dem Fluss Dora Baltea und dem Campanile Santo Stefano gelegenen Konditorei diese im Jahr 1972 an die Familie Balla übergab. Wenn Sohn Stefano heute in der Backstube steht, um die bestellten Torten zuzubereiten, hat dort niemand etwas zu suchen. Dass die Torta 900 in ganz Italien zu einer Legende geworden ist, kann nicht nur an ihren Zutaten liegen. Denn laut Gesetz müssen diese ja für den Kunden transparent sein. Das Geheimnis liegt im Herstellungsprozess, also der Art und Weise, die Zutaten für die Torte auf so einzigartige Weise zu verbinden, dass den Kunden schon bei ihrem Anblick das Wasser im Mund zusammenläuft. Seit beinahe 50 Jahren hütet nun die Familie Balla das Patent wie ihren Augapfel. Die Einheimischen besuchen die Pasticceria nicht nur wegen der Torte, sondern auch zum Frühstücken oder für ihre Mittags- und Kaffeepausen. Viele kommen auch in die Gegend, weil sie sich das Schreibmaschinenhaus von Olivetti gleich gegenüber ansehen wollen. Aber nur wenige lassen zuvor den Genuss der Torta 900 aus.

TIPP

Ein Spaziergang im Seengebiet von Ivrea, den Cinque Laghi.

Pasticceria Balla, Corso Re Umberto 16, I-10015 Ivrea
www.torta900.com

TORTA
900

Bitterer Reis

28 *Tenuta Colombara, Livorno Ferraris*

Wenn die Reisfelder ringsum geflutet sind, sieht das Landgut aus wie ein Wasserschloss. Der Weg hinein führt durch ein von zwei Türmen flankiertes Tor, dahinter öffnet sich der von Backsteingebäuden gesäumte Innenhof der Tenuta Colombara – einer der Reishöfe, die aus Italien und insbesondere der Poebene den größten Reisproduzenten Europas machen. Neben alten Stallungen und Werkstätten versteckt sich hier eine Hightechproduktionsanlage, nicht weit weg auf dem Gelände ein großer Holzschuppen. Über knarzende Stufen steigt man hinauf in die erste Etage und betritt einen alten Schlafsaal mit 40 Pritschen. Aus Pappkoffern quellen geblümte Kleider, auf Holzschemeln liegen verblichene Fotoromane, an den Wänden hängen riesige Strohhüte. Dies war das Reich der „mondine", der Saisonarbeiterinnen, die noch bis in die 1960er-Jahre jedes Jahr im Frühsommer aus ganz Italien zum Unkrautjäten in die Reisfelder kamen. Den beschwerlichen Job der Frauen hat die Mechanisierung der Reisproduktion überflüssig gemacht, aber in ihrem Schlafsaal wirkt alles so, als wären sie gerade in die Felder aufgebrochen. Die meist jungen Frauen verließen damals für ein paar Wochen ihr Zuhause, um in den „risaie" ein wenig Geld zu verdienen und nicht zuletzt auch, um für eine Weile der heimischen Kontrolle zu entkommen. Der Preis dafür war die Mühsal ihrer Arbeit – mit gebeugtem Rücken im Schlammwasser stehend, der prallen Sonne und den Mückenschwaden ausgesetzt. Auch Willkür und sexuelle Übergriffe der Reisbauern waren an der Tagesordnung. „Riso amaro" (Bitterer Reis) heißt der Film, mit dem Giuseppe De Santis den „mondine" 1949 ein Denkmal gesetzt hat. Auch auf der Tenuta Colombara hält man die Geschichte des Reisanbaus und der „mondine" bis heute lebendig. Die Familie Rondolino baut nicht nur seit Generationen einen weltweit geschätzten Carnaroli-Reis an, sondern sie lädt auch zur Besichtigung des Museums und der Produktionsanlagen ein. Ein abschließendes köstliches Risottomenü inbegriffen.

TIPP Die eindrucksvolle Abbazia di Lucedio bei Trino ist die Wiege des Reisanbaus in der Poebene.

Tenuta Colombara, I-13046 Livorno Ferraris, Tel. +39 01 61 47 78 32
www.acquerello.it

Am Nullpunkt

29 *Gletscherpark der Uriezzo-Klamm bei Baceno*

Willkommen in den Canyons im nördlichen Piemont, in gigantischen Hohlräumen, zylindrischen Aushöhlungen und im Felsen verschwindenden Katakomben, ausgehöhlt durch die Gewalten von Gletscherschmelzwasser aus den Alpen. Sand, Geröll, Steine und Felsblöcke haben über Jahrtausende im Valle Antigorio eine atemberaubende Landschaft geformt. Ein nur wenige Meter breiter Schlitz verschluckt den Besucher. Die steil nach oben ragenden, vom Eis polierten und in runde Formen verwirbelten Felswände lassen nur wenig Tageslicht einfallen. Hinter sehr engen Korridoren tun sich riesige Räume auf. Aus jeder Felsspalte tropft Wasser und fließen Rinnsale, an den Überhängen kleben seltene Farne und Moose. Hier und da fallen Sonnenstrahlen in die gewundenen Höhlen und Gänge ein, dann wird es wieder dunkel mit faszinierenden Schattenspielen. Enge Stahltreppen führen in die nächste Etage eines riesigen Eiszeitkellers, oben an der Felskante in 20 bis 30 Meter Höhe strecken sich die Zweige von Bäumen hinunter in die Klamm. Das faszinierende Naturschauspiel der Uriezzo-Klamm weckt auch das Interesse von Geologen weltweit. Vor Jahrmillionen, als die Kontinente Afrika und Europa kollidierten, wurden hier von diesen gewaltigen Kräften die Alpen aufgefaltet und in den Schluchten von Uriezzo das tiefste tektonische Element der gesamten Alpen ausgefräst. Das ist der „Ground Zero“ der Wissenschaften von der Erdkruste, denn die Wissenschaftler bezeichnen den hier auffindbaren Gneis als Nullelement. Oben im vollen Tageslicht geht es dann richtig zur Sache. Durch die Marmitte dei Giganti, die Kessel der Riesen, peitschen enorm kraft- und druckvolle Ströme eisblauen Wassers, verwirbeln in glattgeschliffenen Felsbecken, laufen in ausgeräumten Höhlen aus, schäumen, donnern, rauschen und poltern talwärts. Und verlocken sommers dazu, sich von den warmen, glatten Uferfelsen in die Hexenkessel zu stürzen. Aber die Strände an den Ufern unterhalb dieser Kaskaden von Wasserfällen sind zweifellos sicherere Orte.

TIPP **Auf dem Weg von Domodossola nach Baceno hat die Latteria di Crodo allerbeste Milchprodukte im Angebot.**

Uriezzo-Klamm, bei I-28861 Baceno

Fußweg zur Klamm von Baceno in der Dorfmitte hinter der Kirche

Exponierte Lage

30 *Castello di Masino, Caravino*

Der rote Salon bewahrt eine Sammlung von Miniaturen und Porzellan auf, und die Bibliothek hält 25.000 wertvolle Bände vor. Im Wappensaal trifft man auf die Insignien der ehemaligen Besitzer dieser Kostbarkeiten: das Adelsgeschlecht der Masinos und Valpergas. Die Familiendynastie – einst eine der bedeutendsten des Piemonts – war es, die im 11. Jahrhundert das Castello di Masino mit mehr als 30 reich ausgestatteten und mit Fresken bemalten Sälen erbauen ließ. Aus den Fenstern des Ballsaals blickt man hinaus auf das gepflegte Grün eines weitläufigen Schlossparks. Das exponierte Castello dominiert in strategisch äußerst günstiger Lage das Canavese und die weiten Parklandschaften der Ebene von Ivrea. Zunächst war es als Festung mit hohen Mauern und Wehrtürmen konzipiert, die jedoch im Lauf der Zeit prächtigen Parks und Gärten weichen mussten. Von der Terrazza dei Limoni und der kleineren Terrazza degli Oleandri hat man einen spektakulären Blick auf das wasserreiche grüne Patchwork in der Ebene. Und wer die zwölf Kutschen aus dem 18. und 19. Jahrhundert in den Stallungen bestaunt, das Coupé, den Gala- oder den Kinderwagen mit Zubehör, der wird sich ein Bild machen, wie es hier einst zuging. Wie die Mitglieder einer der großen europäischen Herrscherdynastien vorfuhren, zu Empfängen im Ball- oder zu Spielen im Billardsaal zusammenfanden oder draußen im zweitgrößten Labyrinth Italiens in verschachtelten Gängen zwischen 1400 Hainbuchen nach Orientierung suchten. Die exklusive Familientradition fand 1988 ihr Ende, als die letzte Bewohnerin des Castello starb und ihr Sohn, Graf Luigi Valperga di Masino, das Schloss der FAI überantwortete, einer Organisation, der der Schutz bedeutender Natur- und Kulturgüter Italiens ein besonderes Anliegen ist. Haben Besucher des Schlosses die eindrucksvolle Zeitreise durch die weitläufigen Säle, die Stile und den Kunstgeschmack verschiedener Epochen beendet, dann lädt ein Garten- und Panorama-Café mit herrlichen Ausblicken zum Verweilen ein.

TIPP Eine Bootstour auf dem Lago di Viverone und anschließende Einkehr im Agriturismo Il Casale Veneria.

Castello e Parco di Masino, Via al Castello 1, I-10010 Caravino

Total verknallt

31 *Parco del Valentino, Turin*

Dass Liebe nicht rosten muss, beweist das Liebespaar, das der Gartenkünstler Rodolfo Marasciulo im Parco Valentino geschaffen hat. Eisern und nur ein wenig oxidiert sitzen zwei Laternen einander zugewandt auf einer Parkbank, an ihrer Seite eine sich wohlig aalende Katze. Etwas verträumt schauen die beiden in den größten und ältesten Park der Stadt. Die Parkbesucher erwidern gerne ihren Blick – und jeder denkt sich seinen Teil dabei. Schmiegen sich da zärtlich zwei ältere Menschen aneinander? Oder ertappt man ein junges Liebespaar bei einem Flirt? Vielleicht sind es auch verzückte Eltern, die ihrem Kleinsten beim Spielen zuschauen? So vielfältig wie diese Assoziationen sind, so bunt gemischt sind die Besucher des städtischen Parks am linken Ufer des Po. Seine Anlage im englischen Stil fasziniert mit uralten Bäumen, Alleen, künstlich angelegten Weihern, Seen und Wasserfällen, mit Springbrunnen, Buschhainen und sogar einer kleinen Galopprennbahn. Bäche mäandrieren durch weite Wiesen, wo jeder einen Platz zum Liegen und Lieben, Sonnenbaden, Fußballspielen und Herumtoben findet. Cafés in alten Pavillons laden zum Imbiss oder dem beliebten frühabendlichen Aperitivo ein. Erste Gestalt nahm die Grünanlage 1630 an, aber erst nach der napoleonischen Stadterweiterung eroberte sie vollends das Herz der Turiner. Der Park hat seitdem Geschichte geschrieben, war Ort für große internationale Ausstellungen. Im Patchwork von Rosen- und Steingarten liegt die ehemalige Residenz der Savoyer. Das zum UNESCO-Kulturerbe zählende Schloss ist ein begehrtes Ausflugsziel, erinnert in seiner Pracht an den französischen Geschmack und Stil des 18. Jahrhunderts. Im Volkslied „Piemontesina bella“ singt der Chor: „Erinnere dich an die Abende, die du im Valentino mit der blonden Studentin verbracht hast, die dich in ihrem Herzen trug.“ An lauen Sommerabenden tun es viele Liebespaare den Laternen nach und lassen sich zum Schmusen auf einer der Bänke nieder.

TIPP

Am Po-Ufer auf der Terrasse sitzen und speisen: im Restaurant Esperia am Corso Moncalieri 2.

Parco del Valentino, I-10126 Turin

ÖPNV: Straßenbahn 9, 16, Haltestelle Vittorio Emanuele II

Wie aus einer anderen Zeit

32 *Circolo di Rosazza, Rosazza bei Biella*

Es ist 10 Uhr am Abend, als das kleine Orchester aufspielt und elegante Paare die Tanzfläche betreten. Erleuchtete Girlanden und ein illuminierter Brunnen schmücken den umliegenden Park am Fluss Cervo. Um Mitternacht dann die Eröffnung des Buffets für die erlauchten Gäste, die prominenten Familien aus Biella – die Sellas, Serralungas und Piacenzas. 1922 feierte der Circolo di Rosazza seine Eröffnung. Der Tennisclub formulierte seine Mission so: seinen Mitgliedern und Familien einen Ort der Begegnung und des Vergnügens und gleichzeitig Fremden neue Attraktionen und Aufenthaltsmöglichkeiten in diesem Dorf in den Bielleser Voralpen bieten. Für die Gestaltung des Clubhauses, eines lichten Gebäudes mit achteckigem Grundriss, beauftragte der Vorstand den renommierten Künstler Giuseppe Bozzala. Das Ambiente mit zwei Sandtennisplätzen orientierte sich an traditionellen englischen Anlagen. 900 Meter über dem Meeresspiegel sollte in Rosazza ein lichter, eleganter Platz entstehen, an einem Ort, den manche für den geheimnisvollsten Flecken Italiens halten. Was auf das Wirken von Federico Rosazza im späten 19. Jahrhundert zurückging. Der Senator verfügte über sehr viel Geld und Einfluss und suchte nach dem tragischen Tod von Frau und Tochter Zuflucht im Okkulten, der Esoterik und im Spiritismus. Gemeinsam mit Malern und Architekten hielt der Großmeister der Freimaurerei geheime Séancen im Rathaus von Rosazza ab. Während einer dieser Sitzungen soll ihm seine Tochter mit der Botschaft erschienen sein, ihr Heimatdorf neu zu inszenieren. So begann Federico Rosazza 1883 mit dem Bau des Welfenturms für das Castello di Rosazza und schlug damit ein neues Kapitel für das Dorf auf. Viele kunstvolle Villen und Palazzi entstanden. Noch heute verweisen freimaurerische und esoterische Symbole wie fünfzackige Sterne, Leitern und Sanduhren in Rosazza auf eine vermeintlich andere Wirklichkeit. 100 Jahre später existiert der Tennisclub noch immer und heißt Gastspieler willkommen.

TIPP Einkehr in die Osteria unter den Säulengängen des eindrucksvollen Santuario di San Giovanni d'Andorno.

Circolo di Rosazza, Via Roma 2, I-13815 Rosazza, Tel. +39 33 61 12 49 18

Liebeszeichen

33 *Libanonzeder, La Morra*

Majestätisch, imposant und von ehrwürdigem Alter – dieser Baum mit seinen ausladenden Zweigen ist nicht zu übersehen. Seit über 160 Jahren steht die Libanonzeder ganz oben auf dem Colle Monfalletto, unweit der zu La Morra gehörenden kleinen Gemeinde Annunziata, und überblickt die Weinberge mit den Nebbiolo-Reben und die Dörfer der Region Barolo. Ihr Stamm hat den eindrucksvollen Umfang von über 4 Metern und mit ihrer Höhe von 19 Metern ist sie ein Naturdenkmal mitten in den Weinhügeln – und Symbol einer alten Liebesgeschichte. Gepflanzt haben die Zeder einst Costanzo Falletti di Rodello und Eulalia Della Chiesa di Cervignasco, Vorfahren der Familie Cordero di Montezemolo, den heutigen Besitzern der Weinberge. Der Baum sollte an die Hochzeit des Paares im Jahr 1856 erinnern – ein Symbol ihrer Liebe wie auch der Liebe zu ihrer Heimat. Sichtbar, robust und langlebig sollte der Baum sein, denn das junge Glück wollte für sich und Paare zukünftiger Generationen ein Zeichen setzen. Die Libanonzeder ist bekannt für ihre Standfestigkeit, Widerstandsfähigkeit und Ausdauer. Sie ist ein erhabener Baum mit immergrünen Blättern und so konnte aus Sicht der Jungvermählten kein anderer besser langlebige Liebe symbolisieren. Alten Baumriesen wohnt ein Zauber inne, sie faszinieren, ganz so wie diese Zeder. Denn die steinalten Riesen verkörpern Geschichte, heben sie in ihrer Rinde auf und haben zugleich etwas Mystisches. Fest verwurzelt stehen sie in der Erde und wachsen über Jahrzehnte stetig in die Höhe, greifen mit ihren mächtigen Armen immer weiter in die Breite, als legten sie sich schützend über die Landschaft – ein Symbol für Kontinuität und Wandel. Bäume sind Heiligtümer, schrieb einst Hermann Hesse. Wer mit ihnen zu sprechen, wer ihnen zuzuhören weiß, der erfährt die Wahrheit. Auf der Anhöhe von La Morra erzählt die Libanonzeder eine berührende Liebesgeschichte. Der monumentale Baum steht zwar auf privatem Gelände, ist jedoch öffentlich zugänglich.

TIPP Zu Wein und Imbiss einkehren in der Enoteca More e Macine in La Morra.

Libanonzeder bei der Azienda Agricola Monfalletto, I-12064 Annunziata bei La Morra

Die Welt ist Klang

34 *Museum der Blasinstrumente, Quarna Sotto*

An der Nordwestspitze des Ortasees liegt in der Höhe ein Mekka für Perfektionisten des guten Tons. Jazzer aus aller Herren Länder lassen ihre Saxofone hier fertigen und auch Orchestermitglieder der Mailänder Scala kommen regelmäßig vorbei. Die in der gerade einmal 500 Einwohner zählenden Gemeinde Quarna Sotto angesiedelte Manufaktur Rampone & Cazzani stellt nämlich Blasinstrumente in Handarbeit her – mit kreativer Leidenschaft und handwerklicher Präzision. Musikgrößen wie James Carter, Jerry Bergonzi oder Paul Jeffrey begeistern mit dem Sound der Instrumente aus Quarna ihr Publikum. Schon seit 200 Jahren haben sich die Dorfbewohner mit Passion diesem Handwerk verschrieben. Zunächst nutzten sie das Holz aus den umliegenden Kastanien- und Ahornwäldern sowie von Birn- und Kirschbäumen, um Pfeifen und Flöten herzustellen. Die Kunst des Baus von Blasinstrumenten hatten zwei Männer aus dem Dorf, Francesco Rampone und Egidio Forni, von einem Ausbildungsaufenthalt in Mailand nach Quarna mitgebracht. In der zweiten Hälfte des 19. Jahrhunderts übernahmen die Brüder Teodoro und Agostino Rampone das Unternehmen und spezialisierten sich fortan auf den Bau von Saxofonen. Erfunden hatte das neuartige Instrument der Belgier Adolphe Sax, der es um 1840 in seiner Pariser Werkstatt entwickelte. Agostino Rampone war dann der Erste, der es auch in Italien baute. Als im 20. Jahrhundert der Jazz von New Orleans aus Europa eroberte, begann der Siegeszug des Saxofons und sorgte für volle Auftragsbücher. Auch die Traditionskapellen der italienischen, amerikanischen, japanischen und kanadischen Armeen bestellen gerne am Ortasee, und mittlerweile bringt der Onlinehandel die Instrumente aus Quarna in alle Musikkulturen der Welt. Seit 1990 liegt die Leitung des Unternehmens in den Händen der Familie Zolla, den Erben der Familie Rampone. Ein kleines Museum erzählt die Geschichte der Blasinstrumente und die ungewöhnliche Erfolgsgeschichte des abgelegenen Ortes Quarna Sotto.

TIPP Vom Aussichtspunkt Belvedere in Quarna Sopra hat man einmalige Blicke auf den Lago d'Orta.

Museo Etnografico e dello Strumento Musicale a Fiato, Via Roma 7, I-28896 Quarna Sotto, Voranmeldungen Tel. +39 33 85 62 21 91 www.museodellequarne.it

Ganz schön knackig

35 *Grissini aus Lanzo Torinese*

Wieder einmal war der junge Herzog Vittorio Amedeo II. von Savoyen schwer erkrankt, hütete erneut mit Fieber und Darmbeschwerden das Bett. Seit seinen ersten Lebensjahren war er kränklich. Seine Mutter rief den Hofarzt. Und Don Baldo Pecchio aus Lanzo Torinese erinnerte sich. Hatte ihn nicht seine Mutter bei ähnlichen Beschwerden mit gut gesäuertem und knusprigem Brot gefüttert? Don Baldo ermunterte den Stadtbäcker von Lanzo Torinese Antonio Brunero zu einer Innovation in seiner Backstube. Der verarbeitete daraufhin Mehl, Hefe, Wasser und Salz zu lang gezogenem Stangenbrot, Teigfingern mit knackiger Kruste: Grissini. Die bewirkten bei dem kranken Kind wahre Wunder. Die wohlschmeckenden Stangen wurden aber viel mehr als ein Hausmittel: Sie landeten als unverzichtbarer Knuspersnack auf der höfischen Tafel. König Carlo Felice di Savoia nahm ihn gerne auf seinen Ausritten als Proviant mit, und die Tochter von König Carlo Emanuele III. posierte sogar mit den Teigfingern für ein Gemälde und trug seitdem den Beinamen „principessa del grissino". Das Lieblingsbrot des Hauses Savoyen sprach sich in Europa herum. König Ludwig XIV. von Frankreich zwang seine Köche, die „petits batôns de Turin" zu imitieren. Was ihnen allerdings nicht wirklich gelang. Napoleon richtete einen Kurierdienst zwischen Paris und Turin ein, weil er auf die piemontesischen Brotstangen nicht mehr verzichten wollte. Ihre gute Verdaulichkeit und einfache Lagerung machten die Grissini mit der Zeit in ganz Italien populär: morgens zum Frühstück in Milch eingeweicht, mittags in die Fleischbrühe gebröselt und zu anderen Tageszeiten als pikanter oder süßer Snack. In Restaurants stehen sie bis heute auf jedem Tisch. Auf der Piazza von Lanzo Torinese erinnert eine kleine Wandinstallation an dieses unverzichtbare Accessoire der italienischen Küche. Und im Pastificio an der Ecke lassen sich nicht nur hausgemachte Tagliatelle erstehen, sondern auch Grissini. Natürlich die aus dem legendären Städtchen mit der Brotstange.

TIPP Das Ristorante Gallenga auf der gleichnamigen Piazza in Lanzo Torinese ist ein Ort zum Wohlfühlen.

Piazza Gallenga mit Grissini-Wandinstallation, I-10074 Lanzo Torinese

ÖPNV: Busse vom Turiner Bahnhof Porta Susa in die Lanzo-Täler

Auf dem Holzweg

36 *Strada Sutermeister, Cicogna, Val Grande*

Schon die Anfahrt in die Wildnis ist ein Abenteuer. Über 7 Kilometer hinweg, durch Serpentinen und einen dunklen Tunnel, hofft man, es möge einem niemand auf der schmalen Straße entgegenkommen. Dann ist Cicogna erreicht, mit einer Handvoll Einwohner, einem Circolo und einem Agriturismo die Hauptstadt des Val Grande. Hier startet die Strada Sutermeister, ein leicht begehbarer Wanderweg in den Nationalpark oberhalb des Lago Maggiore, das größte Wildnisgebiet Italiens. Der kunstvoll ausgebaute Weg führt in 1,5 Stunden in das einstige Holzfällerdorf Pogallo auf knapp 800 Meter Höhe. In der Tiefe rauscht der Rio Pogallo, auch zu einer Badestelle kann man hinunterkraxeln. Auf beiden Seiten des Tals erheben sich mit Buchenwald bewachsene Berghänge. Benannt ist der Weg nach seinem Baumeister, dem vielseitigen Industriellen Carlo Sutermeister. Sein Höhenweg erschloss das Tal für die Gewinnung von Holz – das grüne Gold des Val Grande. Der Schweizer Ingenieur war 1860 nach Pallanza am Lago Maggiore ausgewandert, wo er alle möglichen technischen und unternehmerischen Aktivitäten entfaltete. Ende des 19. Jahrhunderts herrschte großer Bedarf an Bau- und Brennholz. In Pogallo lebten Hunderte Arbeiter, im Dorf gab es einen Arzt, eine Schule und sogar Polizei. Anfangs flößte man die Stämme über das Wasser zum Lago Maggiore hinunter. Später baute Sutermeister eine Transportseilbahn im Flussbett des Pogallo, die teilweise mit Strom aus einem Wasserkraftwerk im nahen Cossogno betrieben wurde. Auch das war eine technische Innovation des Schweizers. Ab 1882 kam die Elektrizität bis an den Lago Maggiore, nach Intra und Pallanza, die so zu den ersten beleuchteten Städten Italiens wurden. Nach dem Zweiten Weltkrieg überließ man das wilde, aber weitgehend abgeholzte Bergland sich selbst. 1992 wurde der Nationalpark gegründet, der Wald kehrte zurück. Pogalla verfiel, erst nach und nach wurden einige Steinhäuser instand gesetzt. Aber wie überall im Val Grande regiert hier heute die Natur.

TIPP Aus der Wanderung wird ein Rundweg, wenn man von Pogallo über die Alpe Prà zurückkehrt.

Strada Sutermeister, Val Grande, I-28801 Cicogna
www.parcovalgrande.it

Auf ein Bier

37 *Brauerei Menabrea, Biella*

Als Giuseppe Menabrea im 19. Jahrhundert zum ersten Mal nach Biella reiste, entdeckte er nicht nur ein Höhlen- und Kellersystem, das sich ideal zum Lagern eignete, sondern auch das kristallklare Wasser, das die Region zum Standort der Woll- und Textilindustrie gemacht hat. Ideale Voraussetzungen also für einen Bierbrauer. Giuseppe gründete 1846 die heute älteste noch aktive Brauerei Italiens, aus der seit nunmehr über 150 Jahren außergewöhnlich würzige Biere kommen. Mit fünf ausgewählten Zutaten, Gerste aus der Champagne, Hopfen aus der Hallertau in Bayern, Hefe, Braumais und Wasser. 15.000 Flaschen pro Stunde und 200.000 Hektoliter pro Jahr verlassen die Gärkeller in Biella mit dem für sie typischen Geschmack – komplex, malzig und hopfig mit Zitrusuntertönen. Seit fünf Generationen hält das Unternehmen an der historischen Produktionsstätte mitten in der Stadt fest. Damit die Mischung aus Tradition und hochmodernen Produktionsanlagen gelingt, nutzt die Brauerei die 7000 Quadratmeter Unternehmensfläche optimal für die einzelnen Stationen des Brauprozesses. In den alten Kellern tut eine moderne Abfüllanlage ihren Dienst, ein Roboter greift behände nach den Flaschen und Fässern und stellt sie auf bereitstehende Paletten. Bei saunaartigen Temperaturen unter dem Dach reift und gärt der blubbernde Getreide- und Hopfensud. „Wir sind ein moderner Industriebetrieb, der immer noch eine handwerkliche Mentalität pflegt", sagt der Produktionsleiter Franco Thedy. Seine Arbeit macht er mit Begeisterung und Leidenschaft, denn er sei hier zwischen Fässern und Flaschen geboren und mit dem Bier aus dem Glas seines Vaters aufgewachsen. Was dabei an spritzigen Bieren herauskommt, lässt sich in den alten Stallungen des Anwesens kosten, die ein beliebtes Brauereirestaurant und eine Institution in Biella geworden sind. Und das Museo della Birra gleich nebenan erzählt anschaulich, wie alles angefangen hat. Wer das Piemont nur wegen seiner Weine besucht, macht zweifellos einen Fehler.

TIPP

Beim Modelabel Camo in der Via Italia 82 gibt es lässige und erschwingliche Designermode.

Birrificio G. Menabrea, Via Eriberto Ramella Germanin 4, I-13900 Biella
www.birramenabrea.com

birra
enabrea
dal 1846
BAR CAFFÈ
GILBERT

Ganz schön sexy

38 *Galleria Subalpina, Turin*

Wir befinden uns im Zentrum, zwischen der eleganten Piazza Castello und der Piazza Carlo Alberto. Hier tritt man ein in die Welt der Galleria Subalpina, für Giuseppe Culicchia „die sexieste Passage der Stadt". Der Turiner Autor schreibt begeistert: „Ich liebe die Galleria Subalpina. Wann immer ich kann, versuche ich, dorthin zu gehen. Vielleicht wegen der Pflanzen, des Balkons, der Treppen an ihren beiden Enden, vielleicht auch wegen der mit Büchern, Gemälden, Kronleuchtern, Teppichen bunt geschmückten Vitrinen, ich weiß es nicht. Auf jeden Fall würde ich sie mit keiner anderen Passage der Welt tauschen." („Torino è casa mia") Die am 30. Dezember 1874 eingeweihte Galleria Subalpina, die den Namen der Bank trägt, die den Bau damals finanzierte, ist knapp 50 Meter lang und 18 Meter hoch und es vermischen sich in ihr Barock- und Renaissanceelemente mit Eisen, Glas und Marmor – etwa in ihrem gläsernen Dach, das mit seinen schmiedeeisernen Verzierungen ausgesprochen modern wirkt. Turins Passagen haben wie vieles in der Stadt in Paris ein Vorbild: die dort im 19. Jahrhundert entstandenen Passsagen, denen der Philosoph Walter Benjamin ein unvollendetes Werk gewidmet hat. Sie tauchten damals als eigenständiger Bautyp in der verdichteten Großstadt auf. Vorhandene Gassen überdachte man mit Glas und möblierte ihr Innenleben luxuriös. „Die Pariser machen die Straße zum Interieur. (…) Die Straße wird Zimmer und das Zimmer wird Straße", notierte der deutsche Exilant. Ein Zimmer, das maximalen Luxus verströmt, mit seiner Architektur wie mit seinen eleganten Geschäften. So ist es auch in Turin. In der Galleria Subalpina befinden sich das Traditionscafé Baratti & Milano, eine Kunstgalerie und mit der Casa del Libro ein alteingesessenes wunderbares Antiquariat. Und ein Kino. An einem solchen Ort war auch ein deutscher Denker gern zu Hause: Während seines Aufenthalts in Turin quartierte sich Nietzsche in einem Haus direkt über der Passage in der Via Carlo Alberto 6 ein.

TIPP Ins Viertel Quadrilatero zum Largo IV Marzo und im Turiner Traditionslokal Piola da Cianci einkehren.

Galleria Subalpina, zwischen Piazza Castello und Piazza Carlo Alberto, I-10123 Turin
ÖPNV: Bus 55, 56, Haltestelle Castello; Straßenbahn 13, 15, Haltestelle Castello

Caramelle

Kolorierte Pampe

39 *La Casa del Marmo, Rima San Giuseppe, Valsesia*

Sie rühren Gips, Harze und natürliche Pigmente mit Wasser zu einem zähen Brei zusammen, lassen ihn 12 Stunden lang nahezu aushärten und schmieren ihn auf ein auf einer Arbeitsplatte fixiertes Jutetuch oder in einen hölzernen Rahmen. Sobald sich die Masse verfestigt, bilden sich Risse. Die gleichen sie dann mit einer kolorierten Füllung aus und polieren die Melange schließlich noch mit Spachtel, Sandpapier und unterschiedlichen Schleifsteinen. Was so entsteht, ist künstlicher Marmor, dem originalen Naturstein zum Verwechseln ähnlich. Diese Technologie brachten die Handwerker aus Rima, dem abgelegenen Walserdorf in 1000 Meter Höhe, im 19. Jahrhundert in die ganze Welt. Nach Bukarest, wo sie die Wände und Säulen des Justizpalastes dekorierten, zur Museumsinsel nach Berlin, zum Jussupow-Palast nach Sankt Petersburg und in das Parlament nach Wien. Auch im Moskauer Kreml legten sie Hand an. Der Hofarchitekt Messmacher aus Sankt Petersburg schrieb 1896 über die Leute aus Rima: „Sie haben eine außergewöhnliche Begabung für die Komposition von Farben und für die Gestaltung ...“ Der Kunstmarmor steht in seiner Haltbarkeit dem Original in nichts nach und unschlagbar machen ihn außerdem seine geringen Gewinnungs- und Transportkosten. Denn seine Ausgangskomponenten wie Gips, Klebstoffe und Pigmente sind überall vergleichsweise günstig zu haben. Die Stuckateure aus Rima hüten ihre Rezepturen und Bearbeitungsverfahren wie ihren Augapfel, weshalb sie auch in der Ferne vorzugsweise Mitglieder der eigenen Familien beschäftigen. Rima mit seinen 57 Einwohnern wurde so zum Dorf mit dem höchsten Pro-Kopf-Einkommen im Italien dieser Zeit und zu einem Hotspot der Kunst- und Architekturgeschichte Europas. Mit Sitz in einem traditionellen Walserhaus in Rima kümmert sich heute der Verein Laboratorio del Marmo artificiale um diese Tradition. Seit dem Jahr 2006 ist künstlicher Rima-Marmor als eingetragenes Warenzeichen offiziell geschützt.

TIPP Einkehr in der Osteria Ca'DalMat im Dorf Cervatto und Besuch des Lancia-Museums in Fobello.

La Casa del Marmo, Associazione Laboratorio del Marmo artificiale, Località Rima 44, I-13020 Rima San Giuseppe
www.marmoartificiale.com

Das ist ja der Gipfel!

40 *Ecomuseo Storia dell'Alpinismo, Lanzo Torinese*

Wer auf die Skipiste geht und sich umgangssprachlich dafür auf die Bretter schwingt, steht heutzutage auf Hightechmaterial mit ausgefeilten Bindungen. Im Ecomuseo Storia dell'Alpinismo in Lanzo Torinese hingegen sind die Skier wirklich noch Bretter, aus schierem Holz geschnitzt und mit Riemen oder bei avancierten Modellen mit Zugbindungen versehen. Die stellte ein Skipionier aus Turin namens Adolfo Kind im Dezember 1896 erstmals auf die Probe: „Ich war unterwegs mit zwei Freunden von Balme im Lanzo-Tal zum Pian della Mussa. Der Schnee hatte eine gefrorene Kruste, in die man eigentlich mit den Füßen einbrechen musste, aber wir legten die Strecke in weniger als 1 Stunde zurück und haben so gut wie keine Spuren hinterlassen." Die drei Lanzo-Täler, das Val Grande, das Val d'Ala und das Val di Viù, sind eine Pionierregion des italienischen Alpinismus. Nicht immer waren die Exkursionsmitglieder dafür richtig ausgestattet. Der für die alpinen Herausforderungen zur jeweiligen Zeit vorhandene Materialfundus ist in Lanzo zu sehen – Skier und Wanderstiefel, Schneebrillen, Nägel, Steigeisen oder Pickel. Das Museum ist beim Sitz des Alpenvereins untergebracht, der um die Jahrhundertmitte die drei Täler als ideales Wander- und Klettergebiet entdeckte. Schon bald brach das begüterte Bürgertum in die Hochgebirgslandschaft mit ihren extremen Kontrasten auf, und wer es sich leisten konnte, baute sich dort eine Bleibe. Davon zeugen in den heute vom Weltzirkus des Skilaufs abgehängten Tälern zum Teil recht gut erhaltene Jugendstilvillen sowie die alte Eisenbahnlinie mit ihren Bahnhöfen im Schweizer Chaletstil. Die Novizen des Bergsports brauchten damals ortskundige Begleiter und fanden Einheimische, die es gewohnt waren, sommers wie winters die teilweise mehr als 3000 Meter hohen Gletscherpässe zu queren. Ganze Generationen von Bergführerfamilien haben mit ihren Gipfelstürmen Alpinismusgeschichte geschrieben.

TIPP An der Straße in Richtung Usseglio überspannt die Ponte di Forno aus dem Jahr 1447 die Stura.

Ecomuseo Storia dell'Alpinismo delle Valli di Lanzo, Via San Giovanni Bosco 33, I-10074 Lanzo Torinese

ÖPNV: Busse vom Turiner Bahnhof Porta Susa in die Lanzo-Täler

Markenzeichen

41 *Casa Martini, Pessione di Chieri*

Gerührt oder geschüttelt? James-Bond-Fans kennen die Antwort. Natürlich trinkt 007 seinen Wodka Martini geschüttelt, eisgekühlt, aber ohne Eis, mit einer Zitronenscheibe garniert. Martini ist Kult. Auch wenn, wie Kenner wissen, Bonds Lieblingsdrink in Wirklichkeit keinen Martini, sondern neben Gin und Wodka einen französischen Wermut enthält. Der Popularität des würzigen Aperitifs der Firma Martini & Rossi hat dieser geläufige Irrtum sicher nicht geschadet. Schon bei der Firmengründung im Jahr 1863 setzten Alessandro Martini und Luigi Rossi mit ihrem Aperitif made in Italy auf den Weltmarkt, den das Getränk schnell eroberte. Seinen intensiven bittersüßen Geschmack verdankt es 40 Kräutern, deren Zusammensetzung bis heute strikt geheim gehalten wird. Wie man aus einem Produkt eine Marke macht, das hatte vor allem Alessandro Martini im Blut, und zudem beherrschte er das Knüpfen von Netzwerken – die Vermarktungstalente des Firmengründers sind legendär. An Ideen fehlte es dem Unternehmen, das zu den erfolgreichsten in Italien zählt, jedenfalls nie. Sogar Andy Warhol kreierte Ende der 1950er-Jahre eine Etikettenserie für die Martini-Flaschen. Mit dem Martini-Logo geworben hat auch ein Lancia Delta, der im dekorativ begrünten Innenhof der in Pessione di Chieri ansässigen Wermutfabrik steht. Denn kaum war 1968 das Werbeverbot auf Rennwagen gefallen, schickte man die schnellen Autos mit dem Firmenemblem ins Rennen. In der Ausstellung Il Mondo Martini begegnet man in sieben Stationen solchen Geschichten aus der Martini-Welt. Ein weiteres, inhaltlich ausgreifenderes Museum, das Museo Martini di Storia dell'Enologia, ist in den antiken Säulengängen und Kellergewölben der historischen Gebäude von Martini & Rossi untergebracht und erzählt mit Hunderten Exponaten die Geschichte der Weinkultur. Berauscht von so viel Wermut- und Weinhistorie kann man sich in der Barakademie noch einen Martini servieren lassen – vielleicht klassisch on the rocks und mit grüner Olive. Sorry, James.

TIPP In Riva presso Chieri lohnt der Besuch des Museo del Paesaggio Sonoro: eine Reise in Klangwelten.

Casa Martini, Piazza Luigi Rossi 2, I-10023 Pessione di Chieri
www.martini.com/casa-martini
ÖPNV: Zug vom Turiner Bahnhof Porta Susa nach Pessione

LA SALA
ALAMBICCHI
STILLS ROOM
120
NUMERO DISTILLAZIONI ALL'ANNO
26 PERSONE
TEAM CHE SEGUE LA PRODUZIONE DEI MARTINI
400.000 LITRI
DISTILLATI PRODOTTI OGNI ANNO
5.000 LITRI
CAPACITÀ DI UN ALAMBICCO "COPPER STILL"
NUMERI IN CODICE DEI DISTILLATI
UTILIZZATI NELLE RICETTE
ALCOOL
ERBE E SPEZIE
ALAMBICCHI DI RAME
AIMERITO

Hoch hinaus

42 *Pian della Mussa, bei Balme*

„Oben in den Bergen, zwischen Wäldern und goldenen Tälern, erschallt aus dem Felsen ein Liebeslied." So beginnt „La Montanara", das von Toni Ortelli komponierte Lied. Inspiriert hat ihn eine Hochebene ganz am Ende des Lanzo-Tals, der Pian della Mussa. Von Balme schraubt sich die Straße ein paar Kilometer in die Höhe, dann öffnet sich das Hochplateau. Durch Wiesen und Weiden plätschert die Stura, rundum schwingen sich dramatisch die Alpengipfel in Höhen über 3000 Meter auf. Es ist ein Lieblingsort der Turiner, die hier gerne picknicken und wandern – wer Glück hat, entdeckt unterwegs zwischen den Felsen Gämsen und Steinböcke. Frankreich ist nah, folglich waren Schmuggler die ersten Grenzgänger durch das alpine Gelände. In der zweiten Hälfte des 19. Jahrhunderts kamen dann mit dem beginnenden Tourismus die Sommerfrischler, auch erste Bergsteiger entdeckten die Gipfel um den Pian della Mussa. Während sie mit ihren Bergführern aufstiegen, bot das Hotel Camussot den Zurückgebliebenen in Balme Unterhaltung und Tanz. Mit Beginn des Zweiten Weltkriegs galt der Pian als mögliches Terrain für Zusammenstöße mit Frankreich und die Bevölkerung wurde aus dem oberen Tal umgesiedelt. Partisanen operierten im Grenzgebiet und fanden dort Zuflucht; mehrmals kam es zu Zusammenstößen mit Faschisten und Nazis. Schon lange vor dem Krieg hatte das Plateau Begehrlichkeiten in Turin geweckt. Die Stadt kaufte die dortigen Quellen und speiste das Wasser in ein 1922 eingeweihtes Aquädukt ein – ein außergewöhnliches Bauwerk, das bis heute das Nass in die Wasserhähne von Turin bringt, inzwischen allerdings mit anderen Quellen vermischt. Ein paar Liter gehen vom Pian della Mussa sogar in den Weltraum, zu den Astronauten der Internationalen Raumstation, dem geringen Anteil an Mineralsalzen sei Dank. Nicht ganz so weit flog im Mai 1952 die erste italienische, von dem Turiner Ingenieur Aurelio Robotti entworfene Flüssigbrennstoffrakete. Daran erinnert hier oben eine Gedenktafel.

TIPP Ein einfacher Aufstieg führt vom Pian della Mussa zum Rifugio Città di Ciriè auf 1856 Metern.

Pian della Mussa (1815 Meter), I-10070 Balme

ÖPNV: Busse vom Turiner Bahnhof Porta Susa in die Lanzo-Täler bis nach Ceres, von dort Busse in die einzelnen Täler

Hut ab

43 *Borsalino-Boutique, Alessandria*

Humphrey Bogart und Ingrid Bergmann trugen ihn in der Abschiedsszene von „Casablanca". Im Film „8½" war er die kultige Kopfbedeckung von Marcello Mastroianni, und Jean-Paul Belmondo machte ihn an der Seite von Jean Seberg in „Außer Atem" zu einem Welterfolg. Robert Redford soll für sein Exemplar sogar persönlich in Alessandria vorbeigeschaut haben. Hollywood machte aus dem Borsalino den Hut schlechthin und ein Symbol für Eleganz und Stil made in Italy. Im Jahr 1857 erweckten ihn Giuseppe Borsalino und sein Bruder Lazzaro in einem Hinterhof der Via Schiavina in Alessandria zum Leben. Guiseppe galt zwar als äußerst intelligent, tat sich aber in der Schule schwer und ging zunächst bei einem Hutmacher der Stadt in die Lehre. Um dann im Alter von 17 Jahren nach Frankreich aufzubrechen, wo er in Paris die Fertigung exklusiver Biberhaarhüte erlernte. Mit diesen Kompetenzen kehrte er nach Italien zurück und schaffte für seine Werkstatt die erste Walkmaschine für die Verarbeitung von Filz aus Kaninchenfell an. Es war dieses Material, das seinen Hutkreationen den richtigen Pfiff gab und in der Folge viele Zuchtfarmen in der Region aus dem Boden schießen ließ. Im Jahr 1901 verließen 700.000 handgefertigte Borsalinos die Fabrik, in den 1920er-Jahren waren es schon 2 Millionen. Hollywood trug dazu bei, dass der Borsalino die Krise der 1930er-Jahre, den Zweiten Weltkrieg und den Zusammenbruch des Weltmarktes überlebte. Aber dann verlor der Hut an Attraktivität, die Arbeitsplätze in der Firma und die Exporte aus Alessandria gingen zurück. Im Jahr 1986 fiel der alte Schornstein der Firma im Herzen von Alessandria, das Unternehmen, das nun nicht mehr im Besitz der Familie war, zog in ein Gewerbegebiet und machte dem Borsalino-Museum Platz. Aber die Marke steht dank italienischer und internationaler Investoren wieder auf und auch bildmächtige Imagekampagnen sorgen für die Wiedergeburt der Stilikone, begleitet von Weltstars wie Leonardo di Caprio, Nicole Kidman oder Johnny Depp. Der Hut der Stars lebt auch im 21. Jahrhundert.

TIPP Sehenswert ist die Galleria Guerci mit der netten Pasticceria Bonadeo.

Borsalino-Boutique, Corso Roma 20, und Borsalino Factory Store, Via Gambalera 170 in der Zona Artigianale D5, I-15121 Alessandria, www.borsalino.com/it

ÖPNV: Bahnhof an der Piazza Eugenio Curiel

Heiliger Marmor

44 *Antica Cava Moschini, Ornavasso*

Sie liegen sich in Sichtweite unmittelbar gegenüber – die beiden hoch über dem Flussbett des Toce befindlichen Stein- und Marmorbrüche von Candoglia und Ornavasso. Von außen erkennt man sie lediglich an ihren Schlünden ähnelnden Zugängen. Dahinter öffnen sich gigantische Hallen und Katakomben, Wandelgänge, Schächte und Höhlen. Ein in den Himmel aufragender Kran am Steinbruch von Candoglia macht deutlich, dass er noch in Betrieb ist, anders als der stillgelegte und Besuchern zugängliche von Ornavasso. Der letzte lieferte einst mit seinem großkristallinen, harten Stein das Trägermaterial für die Struktur des Mailänder Doms, während der rosafarbene Marmor aus dem Steinbruch von Candoglia die hell strahlenden Fassaden und reiche Ornamentik hergab. Bis heute sorgt der Candoglia-Marmor dafür, dass der Dom in seiner Substanz erhalten bleibt. Denn saurer Regen und städtischer Smog setzen dem einmaligen Bauwerk auf Dauer zu, und so arbeitet man in den Steinmetzwerkstätten der Dombauhütte stetig daran, originalgetreue Repliken der Engel, Türme und Pfeiler herzustellen – unter Einsatz von Presslufthämmern, Diamantschleifern und Meißeln. Mit repräsentativen Kirchenbauten machte man im ausgehenden Mittelalter Staat, das wusste auch Mailands regierender Fürst, Herzog Gian Galeazzo Visconti. Er hatte eine leuchtende Kathedrale vor Augen und räumte der Dombauhütte nicht nur das Recht zur kostenlosen Nutzung des Marmors aus den beiden Steinbrüchen ein, sondern erlaubte auch den Gratistransport der Steine über das Wasser des Lago Maggiore, des Ticino und des Naviglio Grande bis nach Mailand. Der weitere Transport bis zur Dombaustelle war dank eines ausgeklügelten innerstädtischen Schleusen- und Kanalsystems keine Herausforderung. Die Steinbrüche von Candoglia und Ornavasso und der Mailänder Dom sind komplementäre Räume. Was in der Metropole in die Höhe wächst, expandiert hinter dem Lago Maggiore als gigantische Höhlen in den Berg.

TIPP

Ein Espresso mit Seeblick an der Uferpromenade des netten Örtchens Mergozzo ist ein Vergnügen.

Antica Cava Moschini, Via Boden 23, I-28877 Ornavasso
www.anticacavamoschini.it

Hier ist der Teufel los

45 *Kulturkirche Diavolo Rosso, Asti*

Kommen Musikbands, Sänger oder andere Performer in diesen ungewöhnlichen Bühnenraum, fragen sie meist zuerst: „Wie zum Teufel seid ihr bloß an diese Location gekommen?“ Sie meinen damit die profanierte Kirche der Confraternita di San Michele an der Piazza San Martino in Asti. Auf der einzigartigen Konzert- und Kulturbühne spielen lokale Bands ebenso auf wie internationale Größen der Rockmusik, zum Beispiel Nik Kershaw und Lou Reed. Nicht zu vergessen die melancholisch-nachdenklichen Abende mit dem Lokalmatador Paolo Conte. Der aus Asti stammende Cantautore hat die Kulturkirche in sein Musikerherz geschlossen. „Diavolo Rosso“ heißt auch der Titel auf seinem 1982 veröffentlichten Album „Appunti di Viaggio“: „Diavolo rosso dimentica la strada, vieni qui con noi a bere un'aranciata …“ „Roter Teufel vergiss die Straße, komm her und trink mit uns eine Orangeade …“ Der rote Teufel, den Conte in diesem Song besingt, ist eine Radrennfahrerlegende: Giovanni Gerbi, der zu Beginn des 20. Jahrhunderts Sportgeschichte schrieb. Erster italienischer Teilnehmer bei der Tour de France, Gewinner vieler nationaler Wettfahrten, dramatisches Ausscheiden beim Giro d'Italia. Auf seinem Bianchi-Rad entwickelte der aus Asti stammende Giovanni wahrlich teuflische Eigenschaften: Raffinierte List und unerwartete Wut, Ausdauer, Stehvermögen und Beharrlichkeit machten aus ihm einen Sportstar und ein Idol. Auch die engagierten Macher des Kulturclubs haben ihre Kirche nicht ohne Grund nach Gerbi benannt. Denn als ihre frühere Location vor Jahrzehnten Eigentumswohnungen weichen musste und sie als Alternative für ihren Club auf die ehemalige Kirche verfielen, erinnerten sie sich in den Verhandlungen mit der Stadt an die Tugenden von Giovanni Gerbi. Und gewannen. Die Enkel des ehemaligen Radrennstars schenkten ihnen für das Diavolo Rosso das Originalfahrrad ihres Großvaters. Es schwebt an der Wand über der Bar, eingerahmt von Fresken und ornamentalen Stuckdekorationen eines Kirchenschiffs.

TIPP Speisen und übernachten eine halbe Stunde entfernt in Cisterna d'Asti im Albergo Garibaldi.

Kulturkirche Diavolo Rosso, Piazza San Martino, I-14100 Asti, Infos und Reservierung
Tel. +39 0 34 77 93 53 23
www.diavolorosso.it

WHERE IS
MY MIND ?

Trüffelspuren

46 *Unterwegs in der Via Vittorio Emanuele, Alba*

Wer Alba sagt, denkt Trüffel. Genauer gesagt: weiße Trüffel – eines der teuersten Lebensmittel der Welt. Die begehrte Knolle passt zu dem Städtchen, das mit seinen Altstadthäusern und -türmen in ziegelroten Farben warm und erdig wirkt. Der „tuber magnatum pico" wächst nämlich im Erdboden versteckt, gerne in der Nähe von Eichen, Pappeln oder Weiden, und wird mit der feinen Nase von speziell ausgebildeten Hunden aufgespürt. Meist brechen die „trifulau", die lizenzierten Trüffelsucher, schon gegen 3 Uhr nachts zur Jagd auf das weiße Gold auf. Die Ausbeute landet dann in den Feinkostgeschäften in Alba, zum Beispiel in der Via Vittorio Emanuele, der Einkaufsstraße, die sich durch die Altstadt zieht. Um die Ecke, im Cortile della Maddalena, findet an fünf Wochenenden von Oktober bis November die Fiera Internazionale del Tartufo Bianco statt. Dann kommen Einkäufer aus der ganzen Welt nach Alba und bezahlen für einen einzelnen Trüffel auch schon einmal mehr als 1000 Euro. Die Preise variieren, hängen von der jeweils vorhandenen Menge und Qualität ab. Zum Marktspektakel gehört, dass stets ein Riesentrüffel versteigert wird. Ein Unternehmer aus Hongkong soll in einem Jahr 85.000 Euro für ein knapp 1 Kilo wiegendes Exemplar ausgegeben haben. Die Trüffel in den Auslagen der Geschäfte in der Via Vittorio Emanuele verschlingen kein ganz so großes Vermögen. Aber nicht nur ihretwegen lohnt es sich, über diese Geschäftsmeile und die benachbarte Via Pertinace zu schlendern. Natürlich sind hier auch einige der üblichen Franchiseunternehmen vertreten, aber hinter den oft in edlem Holz getäfelten Fassaden gibt es viel Originelles zu entdecken, unter anderem Messer, Pinsel und antiquarische Bücher. Auch die gastronomische Verführung in den Auslagen und Vitrinen ist groß. Da können – wie etwa in der Bar Pasticceria Cignetti – die Trüffel auch mal aus Schokolade sein und ebenfalls enorm schmackhaft, nur nicht ganz so teuer.

TIPP

Gutes piemontesisches Essen in schönem Ambiente – die Osteria dei Sognatori in Alba.

Via Vittorio Emanuele und Via Pertinace, I-12051 Alba

€ 6,50
€ 6,00
TUTTI

Der Bauch von Turin

47 *Mercato di Porta Palazzo, Turin*

Es ist der Bauch von Turin. Auf dem Mercato di Porta Palazzo bieten Fisch-, Fleisch- und Gemüsehändler, Verkäufer von Haushaltswaren, Kleidern und allem Möglichen an Hunderten von Ständen ihre Waren an. Das Markttreiben findet auf der Piazza della Repubblica statt, dem größten Platz der Stadt, in Hallen und unter freiem Himmel, jeden Tag und bei jedem Wetter. Der Mercato di Porta Palazzo geht auf eine Entscheidung von Kirche und Stadtregierung zurück, die man im Jahr 1835 traf, als die Cholera in Turin wütete: Aus sanitären Gründen verlegte man den städtischen Markt aus der inneren Enge auf den weitläufigen Platz. Seitdem hat er sich nach Fläche und Anzahl der Stände zum größten europäischen Freiluftmarkt entwickelt. Wer eine ausgefallene Schraube, einen günstigen Pullover oder Unterwäsche sucht, wird hier genauso fündig wie eine Näherin, die eine falsche Rose als Accessoire für einen Hut braucht. In der genussfreudigen Stadt entfällt ein Löwenanteil des Angebots auf Lebensmittel, Obst und Gemüse, Fleisch, Fisch, Käse und Brot. Ehepaare und Mütter mit Kindern, Studenten und Angestellte in feinem Tuch – sie alle decken sich mit dem Bedarf für die Woche ein. Viele landwirtschaftliche Produkte kommen aus den Tälern und Bergen im Umland – feinste Qualität ist garantiert. Die einzigartige kulinarische Vielfalt spiegelt sich auch sprachlich im Stimmengewirr aus Italienisch, piemontesischem und sizilianischem Dialekt und hier und da arabischen Fetzen. Inzwischen dazu gekommen sind die Stände der Chinesen, Rumänen und Migranten aus Schwarzafrika. Dass die quirlige Atmosphäre der Porta Palazzo auch das Centro Palatino infiziert, war die Hoffnung der Investoren dieser mitten zwischen den Ständen neu erbauten, gläsernen Halle. Auf drei Ebenen und 4500 Quadratmetern wird hier der Versuch einer Symbiose von Essen, Einkaufen und Kultur unternommen. Man kann jedoch seine Zweifel haben, ob hier jemals so viel Leben einkehrt wie in den Mercato di Porta Palazzo.

TIPP Der Balon an der Porta Palazzo ist Turins quirliger Samstagsflohmarkt.

Mercato di Porta Palazzo, Piazza della Repubblica, I-10152 Turin
www.scopriportapalazzo.com
ÖPNV: Bus 11, 51, Haltestelle Porta Palazzo Nord; Straßenbahn 3, 16, Haltestelle Porta Palazzo Ovest

CCIOLA TONDA
NTILE TRILOBATA
VI PIEMONTE
NOCI de
PIEMONT
MAIS

Der schöne Sommer

48 *Casa di Cesare Pavese, Santo Stefano Belbo*

„Ein Dorf brauchst du, und wäre es nur, damit du es hin und wieder gern verlässt. Ein Dorf, das bedeutet: Du bist nicht allein, du weißt, in den Menschen, in den Pflanzen, in der Erde lebt ein Stück von dir …" („Der Mond und die Feuer"). Für den Verfasser dieser Zeilen, den Dichter, Übersetzer und Verleger Cesare Pavese, war jenes Dorf ein kleiner Ort mitten in den Weinhügeln der Langhe: Santo Stefano Belbo. Dort wurde er am 9. September 1908 geboren, dort ist er auch begraben. Im Garten seines Geburtshauses, das heute ein Museum ist, zeigt eine Bronzestatue das Antlitz des Dichters, der ein Entdecker amerikanischer Literatur, ein Erneuerer der italienischen Sprache und ein Leidender war. Santo Stefano Belbo mag damals ein Dorf gewesen sein, heute ist es ein Städtchen. Cesare Pavese verbrachte dort die Sommer seiner Kindheit und blieb zeitlebens in der Hügellandschaft mit ihren Weinhängen und Dörfern verwurzelt, in der ockerfarbenen Erde und den Gehöften, die er in vielen seiner literarischen Werke aufleben ließ. Der zu Schwermut neigende, weltläufige Schriftsteller aus Turin lud das Land mythisch auf, suchte dort Momente von Freundschaft und Glück, blieb aber außenstehender Beobachter. 1936 erschien sein erster Gedichtband unter dem Titel „Lavorare stanca". Ein Jahr zuvor war er wegen seiner antifaschistischen Haltung für 8 Monate nach Kalabrien verbannt worden. In dieser Zeit nahm er die Arbeit an seinem Tagebuch auf: „Das Handwerk des Lebens". 1950 erhielt er für die Erzählung „Der schöne Sommer" den bedeutenden Literaturpreis Premio Strega. Im August desselben Jahres, im Alter von 42 Jahren und auf dem Höhepunkt seines Erfolgs, nahm Cesare Pavese sich das Leben. Zu diesem Zeitpunkt war er als Schriftsteller und Direktor des von ihm 1933 mitgegründeten ambitionierten Turiner Verlags Einaudi einer der führenden Intellektuellen Italiens. Er hinterließ eine kurze Notiz: „Ich verzeihe allen und bitte alle, mir zu verzeihen. In Ordnung? Tratscht nicht zu viel. Cesare Pavese"

TIPP In der Trattoria della Posta da Camulin in Cossano Belbo schmecken die hausgemachten Tajarin sehr gut.

Casa di Cesare Pavese, Via Cesare Pavese 20, I-12058 Santo Stefano Belbo
www.fondazionecesarepavese.it

Transit

49 *Piazza Mercato, Domodossola*

Arkaden in warmen Pastelltönen und elegante Herrenhäuser aus dem 15. und 16. Jahrhundert rahmen einen asymmetrischen Platz, die Piazza Mercato. Sie ist jeden Samstag Ort eines Wochenmarktes mit langer Geschichte. An der Fassade eines Palazzo erinnert eine Gedenktafel an das Jahr 917, als der Bischof von Novara offiziell das Recht erhielt, hier einen Markt zu eröffnen und dafür auch die Steuer einzutreiben. Bis heute lebt diese lokale Tradition an jedem Samstagvormittag weiter, wenn nach Domodossola, dem Kreuzungspunkt von sieben Ossola-Seitentälern, die Landwirte aus der Region mit ihrem Käse und Brot, Gemüse und Fleisch kommen. Seit der Antike ist die Transitstadt ein grenzüberschreitendes Drehkreuz und Schnittpunkt vieler Kulturen und Handelsbeziehungen. Erst recht, seit unter der Ägide Napoleons im Jahr 1804 die Simplonstraße ausgebaut wurde. Seitdem nutzten die Händler und Holzfäller, die Hirten und Steinmetze, die Auswanderer und Grenzgänger aus dem Wallis nicht mehr den alten Saumpfad, sondern den strategischen Pass über die Alpen. Als dann auch noch der Simplontunnel zu Beginn des 20. Jahrhunderts fertig war, wurde der zu einer der wichtigsten Logistikachsen für den europäischen Verkehr. Den Marktplatz von Domodossola passiert außerdem die historische Via Mercato, die die Stadt über das Centovalli und das Val Vigezzo mit Locarno und dem Lago Maggiore verbindet. Einst eine wichtige Ost-West-Öffnung durch die Alpen, ist sie heute eine attraktive Wanderroute. Kein Wunder, dass die Schweizer diesen Markt besonders schätzen. Die meisten von ihnen kommen mit dem Zug durch die Simplontunnelröhre oder nehmen die Schmalspurbahn durch das schöne Centovalli. Die italienischen Marktbesucher nutzen gerne auch den Regionalzug aus Novara. Domodossola fungiert als internationales Bahndrehkreuz und Lokalbahnhof gleichermaßen. So wie der städtische Wochenmarkt ein Handelsplatz für regionale Produkte und ein Treffpunkt für eine grenzüberschreitende Community ist.

TIPP Die Buchhandlung Wonderland im Vicolo Cuccioni 10 ist ein anregender Ort zum Stöbern.

Piazza Mercato, I-28845 Domodossola

ÖPNV: Bahnhof an der Piazza Giacomo Matteotti

Zum Schimmeligwerden

50 *Käse Castelmagno aus dem Valle Grana*

Sein Markenzeichen ist ein großes „C". Küchenchefs exklusiver Restaurants weltweit haben schon bei seiner Bestellung den Geschmack von Klee und Gräsern auf der Zunge, die die Rinder auf den Bergweiden des Valle Grana zermalmen, bevor ihre Milch zur Veredelung in den Käseküchen landet. Der Castelmagno darf sich „Prodotto di montagna" nennen, wenn die Kühe in einer Höhe von über 1000 Metern grasen. Der Castelmagno di Alpeggio stammt aus noch höheren Lagen. Die charakteristischen Adern, die den gut gelagerten Käse durchziehen, bilden sich auf ganz natürliche Weise und verleihen ihm seine explosiven Aromen. Sie verdanken sich aber auch der einzigartigen Melange aus roher Kuhmilch und kleinen Mengen von Schafs- und Ziegenmilch. Ein Netzwerk von 15 Käsereien stellt jährlich mittlerweile 30.000 Laibe des körnigen Edelschimmlers her, was im Grunde ein Wunder ist. Denn Ende der 1960er-Jahre schien die traditionelle Käsewirtschaft am Ende zu sein. Immer mehr Bauern gaben die Produktion auf, und die Bergtäler entvölkerten sich. Aber die Abwärtsspirale konnte aufgehalten werden, auch dank gastronomischer Pioniere wie der Slow-Food-Bewegung. Seitdem Castelmagno im Jahr 1996 das Etikett „Denominazione di origine controllata" (DOC) und das europäische Label „Denominazione di origine protetta" (DOP) verliehen wurden, geht es mit der Käsewirtschaft im Valle Grana bergauf. Damit knüpft man an eine jahrhundertelange Tradition an. Schon im 18. Jahrhundert erwählte das Königshaus der Savoyer den Castelmagno zum König der italienischen Käse. Viktor Amadeus II. von Savoyen verpflichtete im Jahr 1722 die Gemeinde Castelmagno, ihm jährlich mehrere Doppelzentner davon zu liefern, und auch die Päpste von Avignon ließen ihn sich servieren. Heute ist der Castelmagno eine kulinarische Preziose der piemontesischen Küche, etwa bei den Gnocchi al Castelmagno. Auf den Kartoffelbällchen zerfließen Butter, Castelmagno, geriebener Grana und Pfeffer – einfach köstlich.

TIPP

Empfehlenswert für eine Einkehr ist das Albergo La Pace in Pradleves.

Produttori Alta Valle Grana, Via Provinciale 2 a, I-12027 Pradleves
www.castelmagnodop.com

CASTELMAGNO DOP
PRODOTTO DELLA MONTAGNA
DENOMINAZIONE DI ORIGINE PROTETTA
7/G
ALTA VALLE GRANA
104921
IT 01 744 CE

Jäger des weißen Goldes

51 *Universität für Trüffelhunde, Roddi*

Die Studenten der Universität von Barot haben vier Beine, können bellen, haben einen Schwanz und eine gute Nase. Ihre Seminarräume sind die Hügel der Langhe, des Roero oder des Monferrato, und ihr Lernziel besteht darin, in der Erde versteckte, sehr begehrte Knollen aufzuspüren: weiße Trüffel. In 3-wöchigen Kursen üben sich die Hunde darin, das Terrain nach ihnen zu beschnüffeln, und wenn sie fündig werden, so nach ihnen zu graben, dass sie intakt bleiben. Vor allem dürfen sie, wenn sie glücklich schwanzwedelnd vor dem Trüffel stehen, ihn nicht fressen. Es ist übrigens nicht die Rasse, die den begabten Studenten ausmacht, im Gegenteil, Mischlinge können die besten Trüffelhunde sein. Die Universität und das zugehörige Museum sowie der Spezialitätenverkauf befinden sich in Roddi, einem Dorf auf einem Hügel der Langhe, nur wenige Kilometer entfernt von Alba, wo im Herbst die große Trüffelmesse stattfindet. Nach Roddi bringen seit Ende des 19. Jahrhunderts die „trifulau", die Trüffelsucher, ihre Hunde zur Ausbildung. Die Universität liegt in den Händen einer Familie, die diese mit Giovanni Monchiero, alias Barot IV., mittlerweile in der vierten Generation betreibt. Den Namen „Barot", der auf Piemontesisch den Stock des Trüffelsammlers bezeichnet, trug schon der Gründer und erste Professor der Hundeuniversität, Antonio Monchiero. Um dort angenommen zu werden, zählen keine Zeugnisse. Es sei alles eine Frage des Instinkts und des Geruchssinns, sagt Giovanni Monchiero. Am Ende des Kurses bekommt der Hund ein Diplom, allerdings wird es noch 2 oder 3 Jahre dauern, bis er auch die notwendige Erfahrung gesammelt hat. Ein gut trainiertes Tier kann 10.000 Euro oder sogar mehr wert sein und stattliche Summen für die aufgespürten Trüffel einbringen: Der Universitätsbesuch ist also eine gute Investition. Aber wer wirklich einen Spürhund hat, so Monchiero, verkauft ihn nicht und wird auch nie verraten, wie viele Trüffel er findet und vor allem wo.

TIPP Über die Associazione Cercatori Tartufo di Alba kann man einen Trüffelsucher unterwegs begleiten.

Universität für Trüffelhunde mit kleinem Museum und Shop, Via Carlo Alberto 13, I-12060 Roddi, www.universitadeicanidatartufo.it

Museum auf Gleisen

52 *Linea 7, Turin*

Sie ist ein Hingucker. Quietschend biegt sie um die Ecke und mit einem Stöhnen öffnen sich ihre alten Flügeltüren. Von den schlichten Holzbänken und durch die großen Fenster des Fahrgastraums lässt sich das historische Turin vergnüglich im Vorbeifahren entdecken. Die grüne Tram Nummer 7 ist von ihrer Start- und Endstation auf der Piazza Castello vor dem Teatro Regio etwa 40 Minuten auf einem Rundkurs unterwegs und passiert die großen Alleen, die Altstadt und Denkmäler der Stadt. 1,70 Euro kostet das Ticket – dann kann es losgehen. Eigentlich war die Retrovariante der Turinerkundung nur für die Feierlichkeiten zum 150. Jahrestag der Einheit Italiens im Jahr 2011 geplant. Aber dann waren die Proteste gegen die Stilllegung so heftig, dass die Stadt Gelder aus einem Sonderfonds des Umweltministeriums in die Hand nahm und der historischen Straßenbahn den Dauerbetrieb ermöglichte. Schließlich ist es aber auch dem Engagement der Bahnfans von der Associazione Torinese Tram Storici zu verdanken, dass die Linie 7 mit ihren Rundfahrten zu einem Erfolg wurde. Denn deren ehrenamtliche Mitglieder kümmerten sich zunächst um die vollständige Restaurierung der Waggons aus den 1930er-Jahren, verhalfen ihnen wieder zu ihrem alten Glanz und brachten vor allem Antrieb, Bremsen und Sicherheitstechnik auf den neuesten Stand. Und dann betreuen die Vereinsmitglieder auch häufig die Gäste als Schaffner und Stadtführer. Willkommen im Club: Wenn weltweit Städte wie San Francisco, Lissabon oder Stockholm solche Oldtimerbahnen wieder aufs Gleis setzen, dann kann das Turin eben auch. Noch zu Beginn des 20. Jahrhunderts lag die Verwaltung der damaligen Linie 7 in den Händen einer belgischen Gesellschaft, die damals einige Konzessionen zum Betrieb von Straßenbahnen in Turin innehatte. Heute ist die von vielen Geschichten umrankte Straßenbahn in das öffentliche Netz des Gruppo Torinese Trasporti integriert. Darauf sind die Mitglieder der Associazione Torinese Tram Storici ganz besonders stolz.

TIPP Ein Besuch im Schokoladenparadies der Bottega von Cioccolato Guido Gobino in der Via Lagrange 1.

Linea 7, Piazza Castello (Start- und Endpunkt der Rundfahrt), I-10122 Turin, www.atts.to.it

7
CIRCOLARE
P. CASTELLO

Elements of Art

53 *Kunstweinberg, Castelnuovo Calcea*

An einer Wand aus geschmolzenen Glasfliesen lehnt eine mächtige Terrakottafigur und hat die umliegenden Weinberge fest im Blick. In riesigen Volieren erheben sich bunte Vögel in die Lüfte. Auf den Pfählen der Reben sitzen metallische Köpfe wie Schutzgötter, als müssten sie die kostbaren Schätze der Weinhügel verteidigen, und kleine Holzfiguren tanzen an Stahldrähten im Wind. In den Weinbergen La Court in den Hügeln von Nizza Monferrato in unmittelbarer Nähe des Örtchens Castelnuovo Calcea reift nicht nur einer der besten Barbera-Weine des Piemonts, das Anwesen der Familie Chiarlo ist seit dem Jahr 2003 auch ein von internationalen Künstlern wie Ugo Nespolo, Emanuele Luzzati und Peppino Campanella gestalteter Kunstweinberg. Am Eingang der Cascina Vigna La Court werden Besucher von Puppen begrüßt, die Märchen entsprungen zu sein scheinen: die Königin und der König, der Minnesänger und der Drache – fein gearbeitete Kunstwerke aus Holz. Empfangen wird man auch von einer überdimensionierten lilafarbenen Bank, eines der 44 Exemplare, die der amerikanische Designer Chris Bangle über die Langhe und das Monferrato verteilt hat. Man nimmt Platz auf der „Big Bench", lässt die Beine baumeln, und tatsächlich: Man fühlt sich wieder ganz klein. Orme Su La Court verführt die Besucher mit farbenfrohen Installationen, Skulpturen und verwunschenen Figuren. Das Sonnenlicht bringt bemalte Hölzer zum Strahlen, lässt rostige Altmetalle noch verwitterter erscheinen und bricht sich in Glaselementen. Die vier Elemente – Erde, Luft, Wasser und Feuer – ordnen die Kunstwerke auf dem weitläufigen Gelände zu einem sinnenfrohen Themenpark, der seine Ausstrahlung auch aus dem Kontrast zu den symmetrischen Rebenreihen in den Hügeln und ihrem jahreszeitlichen Farbwechsel gewinnt. Magisch wird es, wenn nachts die Kunstwerke illuminiert sind. Während der EXPO in Mailand im Jahr 2015 wurde der Kunstweinberg Orme Su La Court als gelungene Komposition von Wein, Landschaft und Kunst gefeiert.

TIPP

Espresso-Pause auf der Terrasse des einfachen Caffè Brofferio in Castelnuovo Calcea.

Parco artistico Orme su La Court, Via Cocito 30, I-14040 Castelnuovo Calcea

Jacke wie Hose

54 *La Fabbrica della Ruota an der Strada della Lana*

In einer scharfen Kurve der durch hügelige Waldlandschaft führenden Provinzstraße taucht seitlich an einem quirligen Bachlauf ein mächtiges verlassenes Gebäude auf. Vier Stockwerke hoch, rechteckig. Poster und Schriftplanen an der Außenfassade lassen einen ungewöhnlichen Ort für Kunst und Kultur vermuten. Tatsächlich ist die Fabbrica della Ruota, die einst die bedeutende Wollmanufaktur Zigone beherbergte, ein Leuchtturmprojekt an der Strada della Lana, einer spannungsreichen Route der Industriekultur. Sie verbindet auf 50 Kilometern Länge die Textilzentren Borgosesia und Biella und erschließt ein für Italien einmaliges Erbe. Zegna und Cerruti zum Beispiel: Noch heute kommen 40 Prozent der feinsten Fasern der Welt aus dieser Region, die auf eine lange Tradition der Wollverarbeitung zurückblickt. Die nahm mit dem Beginn der industriellen Revolution richtig Fahrt auf. Weber, Tuchmacher und Zuschneider, Garnproduzenten und Spinnereien nutzten die Energie der Wasserläufe, siedelten sich bis in die Hochtäler in einem Wollcluster an und begründeten den Welterfolg von Stoffen made in Italy. Heute bekommt man entlang der Strada della Lana in allen der weitgehend aufgegebenen Fabriken Einblicke in die Produktionsweisen. Immer sind sie an Wasserläufen angesiedelt. Die hydraulische Energie wurde über horizontale Wellen und vertikal angeordnete Riemensysteme zu den Maschinen und Arbeitsplätzen in den mehrstöckigen Gebäuden übertragen. In der Fabbrica della Ruota aus dem Jahr 1878 wurde die Energie von der Turbine am Bach in das Gebäude mittels eines 80 Meter langen Stahlseils transportiert. Das große Schwungrad an der dem Fluss zugewandten Gebäudeseite ist heute das Markenzeichen des Kultur- und Kunstzentrums, das Teil des Netzwerks von Ökomuseen der Provinz Biella ist. Wen es im Anschluss nach Tuchfühlung mit hochwertigen Stoffen und Kollektionen gelüstet – die Outlets des Lanificio Zegna in Trivero und das von Cerruti in Biella liegen auf der Route.

TIPP Einkehr und guter Käse: Agriturismo Azienda Agricola Ca'nel Bosco, Portula, Frazione di Gila 25b.

Fabbrica della Ruota an der Strada della Lana, Regione Vallefredda 1, I-13867 Pray
www.fabbricadellaruota.it

Ein göttlicher Happen

55 *Osteria del Boccondivino, Bra*

Schon der Name verheißt Genuss. „Boccondivino", das ist ein köstlicher Happen oder auch ein göttlicher Schluck Wein. Das Restaurant dieses Namens in einer Altstadtgasse in Bra, einem Städtchen unweit der Trüffelmetropole Alba, verspricht nicht nur Gaumenfreuden, sondern, da es sich Osteria nennt, auch Gastfreundschaft. Das passt. Denn 1986 gründete der Journalist Carlo Petrini in dieser Osteria mit ihrem schönen Innenhof und drei Gasträumen im ersten Stock mit gleichgesinnten Genießern die Slow-Food-Bewegung. Seitdem ist die Organisation auf gut 100.000 Mitglieder in 160 Ländern angewachsen. Bis heute hat sie gleich neben dem Restaurant ihren Sitz – in einem von großen roten Schnecken geschmückten Gebäude. Begonnen hat es mit dem Protest gegen die Eröffnung einer McDonald's-Filiale in der Nähe der Spanischen Treppe in Rom: Slow Food statt Fast Food war das Leitmotiv. Dem 1949 in Bra geborenen Petrini geht es aber um mehr als um gutes Essen. Er kämpft für die Verbindung von Ethik und Genuss, für den Erhalt lokaler Esskulturen, für traditionelle Lebensmittelherstellung und gegen die Übermacht multinationaler Lebensmittelkonzerne und industrieller Landwirtschaft. Petrini hat Bra zu einem Slow-Food-Zentrum gemacht – mit der weltweit ersten Universität für Gastronomische Wissenschaften. Die hat seit 2004 ihren Sitz nicht weit entfernt von Bra, im Dorf Pollenzo. Die nur etwa 60 Studenten aus aller Welt, die die Uni in jedem neuen Semester annimmt, erkunden kulinarische Regionen, fahren zu Olivenölherstellern, auf Kakaoplantagen in Südamerika oder erörtern mit Fischern die Probleme der Überfischung. Das Wissenschaftszentrum hat auch eine Weinbank, die halb Museum und halb Archiv für die Weine Italiens ist, außerdem können Studenten in einem Labor für sensorische Analyse Olivenöl oder Schokolade auf ihre Geschmacksnuancen hin verkosten. Wer diese – nicht billige – Universität besucht, hat zweifellos Glück. Was auch für die Gäste der Osteria del Boccondivino gilt.

TIPP Das wunderschöne Caffè Pasticceria Converso in Bra, Via Vittorio Emanuele II 199.

Osteria del Boccondivino, Via Mendicità 14, I-12042 Bra
www.osteriadellarco.it

Duftwolken

56 *Accademia Europea delle Essenze, Savigliano*

Duftende Dampfschwaden empfangen die Besucher bereits, wenn sie den Innenhof des Palazzo Taffini in Savigliano betreten. Im Garten der Sinne mit seinen kunstvoll angelegten Kräuterbeeten steigen sie aus einem Brunnen auf, den Franz Stähler gestaltet hat. Die Zeitreise für die Nase kann beginnen. In dem Gebäude aus dem 17. Jahrhundert ist die Accademia Europea delle Essenze zu Hause, die Europäische Akademie für Gerüche. Sie erzählt die Geschichte des Parfüms für alle Sinne. Der Gang durch antike Salons, Werkstätten von Alchimisten und entlang zeitgenössischer Kunstwerke ist eine Reise durch das Wissen über Parfümeriekunst, Aromen und Essenzen. Und außerdem ein anregender Riechparcours – begleitet von Aromen aus Flacons, Düften aus Reagenzgläsern oder Bädern unter großen Duftglocken. Zeit- und Kulturgeschichte wirklich riechen zu können, das sucht in Europa seinesgleichen. Da sich die Düfte nicht festhalten, weder fotografieren noch filmen lassen, bleiben sie umso eindringlicher in Erinnerung. Wer mag, wird am Ende noch zu seinem eigenen Parfumeur. Im Atelier del Profumiere führen unter der Woche Studenten der benachbarten Universität für Kräuterwissenschaften ihre Lebensmittel- und Kosmetikanalysen durch. Aber an Wochenenden lädt es die Museumsbesucher unter fachlicher Anleitung zu olfaktorischen Experimenten ein. 18 Multimediastationen stehen zur sensorischen Analyse bereit. Die Hobbyparfümeure können sich aus einem farbenfrohen Baukasten mit duftenden Essenzen bedienen und das selbst kreierte Duftwasser dann mit nach Hause nehmen. Dass die seit dem Jahr 2015 bestehende Europäische Akademie der Essenzen im Piemont ihren Sitz hat, ist kein Zufall. Denn die Region belegt nicht nur den zweiten Platz in der Produktion von Pfefferminze weltweit. Kosmetik, Lebensmittel oder Duftstoffe: Produkte und Produzenten, die auf Aromen und Kräuter, medizinische Pflanzenextrakte und parfümierte Essenzen zurückgreifen, erwirtschaften 30 Prozent ihres Bruttosozialprodukts.

TIPP Die Piazza von Savigliano gehört zu den stimmigsten Bauensembles Norditaliens.

Accademia Europea delle Essenze, Palazzo Taffini d'Acceglio, Via Sant'Andrea 53, I-12038 Savigliano
www.musesaccademia.it, www.essenzereali.it

Wein - Berg - Kunst

57 *Fondazione La Raia, Novi Ligure*

Eine auf dem Kopf stehende Pyramide aus Naturstein mit 2300 Einfluglöchern gibt bedrohten Insekten ein neues Zuhause: Mit seinem Palazzo delle Api, dem Bienenhotel, sorgte der Pariser Künstler Adrien Missika für Aufmerksamkeit. Das an eine umgedrehte Maya-Kultstätte erinnernde Kunstwerk hat seinen Platz in den Weinbergen der Hügel rund um Gavi gefunden. Auf dem Gelände des biologisch-dynamischen Bauernhofs und Weinguts La Raia befindet es sich in guter Nachbarschaft mit anderen Kunstobjekten und Installationen. Die auf La Raia lebende Familie Rossi hat die weitläufigen Hügel ihres Anwesens in den vergangenen 20 Jahren mithilfe ihrer Stiftung in einen besonderen Kunstpark verwandelt. Da erinnern auf einem Hügel aus farbigen Fäden gerollte Gewölle an kolorierte Heuballen oder ein Steinkreis ruht vor Wiesen, auf denen Fassona-Kühe grasen. Im Eingang der Locanda empfängt ein kunstvoll inszenierter Kräutergarten die Gäste. Dass die Locanda mit der Fondazione La Raia ihrem landwirtschaftlichen Betrieb und ihrem Engagement für Biodiversität einen kulturellen und künstlerischen Rahmen gegeben hat, macht sie interessant. Die Stiftung ist für Künstler und Fotografen, Architekten und Landschaftsgärtner, Philosophen und Historiker zu einem Forum für Debatten und Publikationen zum Thema Landschaft geworden. Der Präsident der Stiftung Giorgio Rossi Cairo skizziert die dem Projekt zugrundeliegende Philosophie so: Wein und Landschaft lebten beide aus der Beziehung zwischen Natur und Technik, es reiche nicht, allein die Trauben wachsen zu lassen, mit technischen Verfahren müsse man in den Kellern ihren Gehalt verfeinern. Material zu formen und dabei einem Gedanken zu folgen – dieses Konzept können die Besucher von La Raia nacherleben, wenn sie die ökologisch erzeugten und sehr schmackhaften Produkte verkosten, die die engagierten Besitzer des Landguts in der Bottega von La Raia anbieten, zum Beispiel die Gavi- und Barbera-Weine, Dinkel, Fleisch und Käsespezialitäten.

TIPP **Um den Radrennfahrer Fausto Coppi und seinen Sport geht es im Museo dei Campionissimi in Novi Ligure.**

Fondazione La Raia, Strada Monterotondo 79, I-15067 Novi Ligure
www.la-raia.it/en/foundation

Gaudí delle Langhe

58 *Friedhofsportal, Dogliani*

„Bitte machen Sie nicht diese bizarren Turmspitzen, wie Sie es in Dogliani gemacht haben", bat der Pfarrer aus Bra den gelernten Landvermesser Giovanni Battista Schellino, den die Stadt mit dem Bau einer Kirche beauftragt hatte. Dabei verdankte der Selfmade-Architekt Schellino gerade diesen Türmen seinen Ruhm. Sie brachten ihm auch den Spitznamen „Gaudí delle Langhe" ein. Denn Schellino fiel aus dem Rahmen, hielt sich nicht an die ästhetischen Erwartungen seiner Zeit und prägte so Landschaft und Baustil der Region. Er war außerdem ein unermüdlicher Arbeiter, der von morgens bis abends persönlich den Bau von Rathäusern, Schulen, Krankenhäusern, Altenheimen, Brücken und Aquädukten überwachte. Das tat er auch bei der Errichtung des monumentalen Eingangs zum Friedhof von Dogliani, seinem Meisterwerk. Zwischen 1855 und 1867 entstand Schellinos fantasievolle Interpretation des gotischen Baustils. Pyramidenförmige Türme strebten dem Himmel zu und harmonierten mit Zypressen und Pappeln rundum. Aus handgefertigten, in den Brennöfen der Stadt gebackenen Ziegelsteinen entstanden leichte Kreuzgewölbe, dazu schmiedeeiserne Tore. Dunkle, von groben Mörtelfugen zusammengehaltene Terrakottasteine schafften mal ausgefranste, mal scharfkantige Reliefs und eine Choreografie geheimnisvoller religiöser Ästhetik. Verwunschen, unheimlich und zugleich munter – manche Architekturkritiker bringen das Werk des außerhalb der Langhe kaum bekannten Baumeisters in Verbindung mit seinem Geburtsjahr 1818 und dem zeitgleichen Erscheinen des Frankenstein-Romans und des ersten Vampirs der Literaturgeschichte. Den Geist der Grenzüberschreitung ins Werk zu setzen, wurde zu Schellinos vorrangigem Gestaltungsantrieb. Anlässlich seines 200. Geburtstages entwickelten Studenten des Istituto Comprensivo Luigi Einaudi in Dogliani eine App, mit der sich die Werke des Architekten erfahren lassen, aber auch die besondere Landschaft der Langhe, in der sie Gestalt angenommen haben.

TIPP **Ein origineller Ort zur Mittagseinkehr ist die Trattoria del Peso in Belvedere Langhe.**

Ingresso al Cimitero comunale, Borgo Castello, Via Croce 18, I-12063 Dogliani

Farbe bekennen

59 *Chiesetta della Beata Maria Vergine, Coazzolo*

Im Jahr 2016 erhielt der international renommierte Fotograf, Installationskünstler und Bildhauer David Tremlett die Einladung, einer Kapelle in den Weinbergen von Asti, der Chiesetta della Beata Maria Vergine del Carmine, ein neues Gesicht zu geben. Und der Künstler nutzte die 300 Quadratmeter große äußere Bildfläche des Gebäudes für farbenfrohe Wandzeichnungen in geometrischen Mustern und gab der Kapelle in den Hügeln der Langhe damit eine munter stimmende bunte Gestalt. Erdige Farben, Ockergelb, das Rotbraun von Siena und ein dunkles Olivgrün für den Sockel und die Sakristei verliehen Wärme und eine gewisse Leichtigkeit. Zwei Jahre bürokratische Antrags- und Verhandlungsarbeit waren notwendig, bis die Genehmigungen der Kurie und der Verwaltung für Kunst und Landschaft vorlagen. Gerade rechtzeitig zur Weinlese legte der Künstler mit Farbeimern und Pinseln, Leitern und Gerüsten Hand an. Tremlett hatte schon im Jahr 1999 gemeinsam mit dem Konzeptkünstler Sol LeWitt Erfahrungen darin gesammelt, wie sich eine kleine Kirche in der Weinlandschaft in ein Kunstwerk mit großer Ausstrahlung verwandeln lässt. Die lange vernachlässigte Cappella del Barolo stieg damals unterhalb des piemontesischen Dorfes La Morra zu einem international beachteten Juwel auf. Den beiden Künstlern ging es um das Zusammenspiel von Licht und Raum und die Einbettung eines Kunstwerks in die Landschaft. Über die öffentliche Resonanz soll David Tremlett angeblich nicht so glücklich gewesen sein, stellte sie wohl vor allem die Kreativität von Sol LeWitt in den Vordergrund. Jedenfalls ergriff Tremlett die Gelegenheit zu einem künstlerischen Solo bei der Neugestaltung der kleinen Kapelle in Coazzolo. Die gelungene Neuinszenierung brachte dem britisch-schweizerischen Künstler nicht nur die Ehrenbürgerschaft der Gemeinde, das internationale Feuilleton honorierte sie in anerkennenden Kritiken. Tremlett war es gelungen, Kunst und Landschaft in ein stimmiges und spannungsvolles Wechselverhältnis zu setzen.

TIPP Ein kurzer, mit Riesenbuntstiften gesäumter Weg führt von der Kapelle auf eine Kuppe mit Panoramablick.

Chiesetta della Beata Maria Vergine del Carmine, Gallo bei I-14054 Coazzolo

Rund und edel

60 *Haselnusshaine, Lequio Berria*

Wo versteckt sich bloß die Kirsche? Im Piemont ist die von einem einschlägigen Unternehmen mit Sitz in Alba viel beworbene Frucht kaum zu finden. Haselnüsse gibt es dafür in großen Mengen. Allerdings kommen die Nüsse in der Nougatcreme der Weltfirma vorrangig aus der Türkei. Dabei zählen die „nocciole“ aus dem Piemont zu den weltbesten überhaupt. Für den an den muffigen Geschmack der Nüsse aus dem Supermarktregal gewöhnten Gaumen sind die aus den piemontesischen Hügeln eine Sensation: aromatisch, knackig, frisch. Dort, wo kein Wein mehr wächst, in den etwas höheren südlichen Lagen der Alta Langa, gedeihen die Haselnusssträucher auf den mineralreichen Böden prächtig, zum Beispiel in Lequio Berria, beim Papa dei Boschi, Josè Noè, der dort in 700 Meter Höhe die Sorte Tonda gentile delle Langhe, die runde, edle Nuss kultiviert. Die Baumfrüchte mögen es im Sommer licht und warm, und wenn es Winter wird, sorgt die Luft vom Mittelmeer dafür, dass es ihnen nicht zu kalt wird. Noè bewirtschaftet in dritter Generation 40 der insgesamt etwa 7000 Hektar Haselnusshaine des Piemont. Geerntet wird im August, wenn die Nüsse von den Sträuchern fallen. Anschließend werden sie auf dem Hof in der Sonne getrocknet, dann geschält und geröstet. Von 10 Kilo Rohware landet bei Noè ein knappes Drittel als ganze Premiumnuss in Vakuumverpackungen, die übrigen ergeben köstliche hauseigene Haselnusscremes. Aus Nusskonzentrat entstehen auch die Schleckereien, ohne die das Schokoladenparadies Piemont nicht denkbar wäre, von der Torta di Nocciole bis zu den Baci di Langa oder den goldverpackten Nougatpralinen aus Turin, den Gianduiotti. Auf die Idee, der Schokolade Nüsse beizumengen, kam man im Piemont, als im 19. Jahrhundert Napoleon hohe Zölle auf die Einfuhr von Kakao aus England erhob. Also streckte man die Schokolade mit Haselnüssen. Josè Noè streut die gesunden Baumfrüchte übrigens gerne gehackt über Crostini mit Speck, dazu ein Glas piemontesischer Wein – ein Genuss.

TIPP

Die Nusstorte der Pasticceria La Corte di Canobbio in Cortemilia, Piazza Oscar Molinari 11, probieren.

Haselnusshaine der Azienda Agricola Papa dei Boschi, Josè Noè, Via Pianravero 9, I-12050 Lequio Berria, Anmeldung Tel. +39 01 73 52 20 19
www.papadeiboschi.com

Traumpaar mit Traumgarten

61 *Villa San Remigio, Pallanza, Lago Maggiore*

Es muss eine leidenschaftliche Liebe gewesen sein, die den italienischen Dichter und Musiker Silvio della Valle di Casanova und die irische Malerin Sofia Browne geteilt haben. Die beiden verband auch ein gemeinsamer Traum: von einem Haus und einem Garten. Das Ehepaar verwandelte um die Jahrhundertwende ein vom gemeinsamen Großvater erbautes Anwesen oberhalb von Pallanza, in dem sie beide ihre Kindheit und Jugend verbracht hatten, in eine stattliche Villa. Dazu gestalteten sie einen Park, in dem Kunst und Natur eine harmonische Einheit bildeten. Zwischen 1910 und 1916 waren 30 Gärtner gut damit beschäftigt, den Garten anzulegen. Auf der Spitze des Hügels Castagnola gelegen, bietet die Villa San Remigio eine fantastische Sicht auf den Lago Maggiore. Umgeben ist sie von Hortensien, Azaleen, Kamelien und Rosen und weiten Rasenflächen mit barocken Skulpturen. Im italienischen Teil herrschen geometrische Muster vor, romantischer geht es im englischen Garten zu. Für jede Stimmung findet sich ein Platz, ob im Garten der Fröhlichkeit, der Wehmut, der Erinnerungen oder im Garten der Seufzer. Ein Liebesnest? Eher nicht, denn dafür ist der Park zu groß und die Villa zu ausladend – wodurch sie aus den vielen prachtvollen Bauten und Parks am Ufer des Lago Maggiore hervorsticht. Die ersten von Gärten umgebenen Villen legten wohlhabende Unternehmer im 19. Jahrhundert an. Man holte Pflanzen aus aller Welt herbei, Palmen, Bananen und noch mehr Tropisches, die durchweg prächtig gediehen – das milde Klima machte es möglich. Die Reize des Sees zogen die frühen Touristen des 19. Jahrhunderts an. Zulauf bekam auch das Künstlerpaar in der Villa San Remigio. Als Gäste begrüßten sie unter anderem Hermann Hesse und die Pianistin Clara Wieck, die Ehefrau von Robert Schumann. 1977 verkauften die Erben das Anwesen an die Region Piemont. Seit 2019 belegt die Università del Piemonte einen Teil der Räume, die ersten Studenten haben hier schon Kurse absolviert.

TIPP Ein Ausflug auf den eindrucksvollen Sacro Monte di Ghiffa oberhalb von Ghiffa.

Villa San Remigio, Via Vittorio Veneto, I-28922 Verbania, Ortsteil Pallanza

Struwwelpeter all'italiana

62 *Pinocchio-Wandmalereien, Vernante*

Eine ultralange Nase, ein spitzer Hut, kurze Hosen. Das ist Pinocchio. Der Held aus Carlo Collodis Märchen ist so etwas wie der Struwwelpeter Italiens. „Pinocchio ist wahrhaftig Italiens großes Buch. (…) Ein Buch, das nie aufhört, uns zu ernähren, uns zum Staunen zu bringen, uns zu trösten", hat Federico Fellini einmal gesagt. In Vernante, im Süden des Piemonts, geht die vor weit über 100 Jahren in einer Wochenzeitung als Serie publizierte Geschichte des Pinocchio tatsächlich niemals zu Ende. 160 Wandmalereien an den Fassaden der Häuser und über den ganzen Ort verteilt erzählen von den Abenteuern des aus Holz geschnitzten Jungen, der immer wieder auf Abwege gerät und damit seinen Vater Geppetto verzweifeln lässt. Pinocchio schwänzt die Schule, er ist ein Tunichtgut, der sein Leben in Gefahr bringt. Am Ende aber rettet er seinen Vater aus dem Bauch eines Wals, womit es zum ersten Mal er ist, der Geppetto zur Hilfe eilt, und nicht umgekehrt. In diesem Moment ist er endlich erwachsen. Zur Belohnung erwacht er nicht mehr als Holzpuppe, sondern als richtiger Junge. Die Zahl der Deutungen dieser Geschichte ist groß, auch die der Verfilmungen. In Vernante schlendern viele Familien durch die Straßen, erteilen ihren Kindern womöglich gerade eine Lektion. Zum Beispiel, dass Pinocchio so eine lange Nase hat, weil sie immer wächst, wenn er lügt. Warum dieser Bilderreigen ausgerechnet in Vernante? Der Illustrator von Pinocchio, Attilio Mussino, verbrachte dort seine letzten Lebensjahre. Nach seinem Tod im Juli 1954 beschlossen zwei Maler aus Vernante, Bruno Carletto und Bartolomeo Cavallera, die Abenteuer Pinocchios auf die Hauswände zu bringen. Vernante hat Mussino auch ein Museum gewidmet, in dem unter anderem die erste illustrierte Ausgabe des „Pinocchio" von 1911 zu sehen ist. Collodis Märchen ist bis heute in Italien lebendig, denn es ist viel mehr als Pädagogik, es ist ein Universum der Fantasie, ein sprachgewaltiges und großartig gestaltetes Buch – auch für Erwachsene.

TIPP Ein Trip durch die Alpen mit der Tendabahn von Cuneo aus – mit Halt in Vernante – bis ans Mittelmeer.

Pinocchio-Wandmalereien und Museo Attilio Mussino, Bahnhof an der Piazza de l'Ala, I-12019 Vernante

PANINI
PIATTI CALDI
PRIMI
SECONDI
PIATTI FREDDI
INSALATE
BAR
SAMMONTANA
GELATI ALL'ITALIANA
SAMMONTANA
GELATI ALL'ITALIANA

Champion der Rotweine

63 *Der Barolo und die Piazza Falletti, Barolo*

Bei dem Namen Barolo bekommen Weinliebhaber glänzende Augen. Der aus der Nebbiolo-Traube gewonnene Rotwein zählt zu den besten und faszinierendsten der Welt. „Körperreich und sehr ausgeprägt im Tannin – der Tom Waits unter den Rotweinen", schreibt der Weinexperte Justin Leone. Steht man im gleichnamigen Ort auf der Piazza Falletti, gibt es kein Entkommen vor ihm: Das Museo del Vino erzählt seine Geschichte, im Untergeschoss lädt die Enoteca Regionale del Barolo zum Degustieren ein, und in die Weinberge mit den Reben der Nebbiolo-Traube führt von hier ein schöner Spaziergang. Als „Nibiol" fanden die Trauben schon in Dokumenten aus dem Jahr 1268 erste Erwähnung. Damals produzierte man aus ihnen einen süßen, schäumenden Wein, der allerdings von den europäischen Adelsgesellschaften und in internationalen Diplomatenkreisen verschmäht wurde. Um das zu ändern, holte man den renommierten Önologen Louis Oudart ins Piemont. Seine Methode, den Wein – statt in Bottichen – in Holzfässern in wohltemperierten Weinkellern reifen zu lassen, kreierte den modernen Barolo Nummer eins. Die nächste Generalüberholung stand 1980 an. Eine aufmüpfige junge Winzergeneration in der Langhe entfachte ein revolutionäres Feuer. Die „Barolo-Boys", wie sie die New York Times einige Jahre später nannte, wollten die überkommenen An- und Ausbaumethoden der alten Weinpatriarchen durch neue önologische Verfahren ersetzen. Ihr sommerlicher radikaler Schnitt der Trauben ließ die verbliebenen Früchte besser reifen, und die alten großen Behälter ersetzten sie durch kleine französische Barriquefässer. Der dadurch ausgelöste Kulturkampf zwischen den Verfechtern des traditionellen und des modernisierten Barolo ist inzwischen Geschichte, hat aber den Barolo auf dem internationalen Weinmarkt etabliert und in den elf zertifizierten Gemeinden einen ungeahnten wirtschaftlichen Aufschwung in Gang gesetzt. Rund um die Piazza Falletti kann man sich den Superstar schmecken lassen – allerdings zu einem stolzen Preis.

TIPP

Im Museo dei Cavatappi in Barolo sind 500 Korkenzieher aus aller Welt zu bestaunen.

Piazza Falletti, I-12060 Barolo

Zum Reinbeißen

64 *Museo della Frutta, Turin*

Von einem Reporter gefragt, warum es sich zu leben lohne, antwortete Woody Allen einmal: „Wegen dieser unglaublichen Äpfel und Birnen, die Cézanne gemalt hat." Würde er nur die außergewöhnliche Früchtesammlung im Turiner Museo della Frutta kennen. In antiken Vitrinen stehen Modelle von Aprikosen, Feigen, Äpfeln – fast 400 an der Zahl – und auch eine Rübe, Rote Beete, Karotte, Pastinake und Quitte, den schmackhaften Originalen so ähnlich, dass den Besuchern das Wasser im Munde zusammenläuft. In den 1860er-Jahren erschuf der Wachsfigurenmodellierer Francesco Garnier Valletti diese Obstkunstwerke. Den Auftrag dazu hatte ihm ein Gärtner gegeben, der die Modelle damals für seine Verkaufsräume benötigte. Francesco legte sich ins Zeug. Der Kunsthandwerker hatte zuvor schon an den Höfen von Wien und St. Petersburg seine Genialität bei der Kreation von Blumendekors unter Beweis gestellt. Aus Alabasterpulver, Wachs und verschiedenen Harzen formte er die Exponate, und um die zierlichen Härchen von Pfirsichen und Aprikosen zu imitieren, zerkleinerte er Wollfäden in einem Mörser. Auch die Vergänglichkeit ist in seinem Obstschatz präsent: Fein zermalmte Flusskiesel blies er auf Früchte und bemalte sie in faden Farben, um ihnen die Patina verdorbener Exemplare zu verleihen. Im Jahr 1927 hatte das Universitätsinstitut für Agrarchemie mit einer Sonderzahlung des Landwirtschaftsministeriums das Obst- und Gemüsekabinett erworben, mit dem das Museum heute das biologische Erbe des 19. Jahrhunderts dokumentiert. Ein weiteres Exponat steht im Bibliotheksraum: ein Kühlschrank. Mit diesem Haushaltsgerät verweist das Museum auf die Bedeutung einer technischen Innovation, die enormen Einfluss auf die landwirtschaftliche Produktion, das Konsumverhalten und die nachlassende Biodiversität, also die drastische Minimierung der Obstvielfalt, genommen hat. Es ist ein vielleicht weniger faszinierendes, aber deshalb nicht weniger aussagekräftiges Objekt der pomologischen Sammlung.

TIPP Die Museen für menschliche Anatomie und für Kriminalanthropologie sind im gleichen Palazzo.

Museo della Frutta, Via Pietro Giuria 15, I-10126 Turin
www.museodellafrutta.it

ÖPNV: Bus 18, 67, Haltestelle Valperga Caluso; Straßenbahn 9, Haltestelle Ormeazeglio

127
ADMIRABLE RAESCKIN
8 Dicem. Febb.

Schokotraum

65 *Pasticceria Arione, Cuneo*

Diese Pralinen sind unwiderstehlich. Schon die Verpackung in dunkelrotes oder grünes Glanzpapier mit goldenem Schriftzug ist verheißungsvoll. Sie umhüllt von dunkler Schokolade überzogenes Baiser, mit Schokosahne und Rum gefüllt. Nach den Cuneesi al Rhum der Pasticceria Arione in Cuneo lecken sich Süßmäuler die Finger, darunter auch Berühmtheiten wie Ernest Hemingway. Der Schriftsteller unterbrach am 8. Mai 1954 auf dem Weg nach Südfrankreich seine Reise in Cuneo, um bei Arione die begehrten Naschereien als Mitbringsel für seine Frau zu erstehen. Erfunden hat sie 1923 Andrea Arione, der Ahnherr der Pasticceria, die bis heute seinen Namen trägt. Sie überblickt die zentrale Piazza Galimberti und hat mit Marmorfußböden, Kassettenholz, venezianischen Stühlen, Samt und Spiegeln alles von einem eleganten, etwas altmodischen Café – wie gemacht auch als Filmkulisse. Einige Szenen von „I compagni", einem 1963 für einen Oscar nominierten Spielfilm mit Marcello Mastroianni und Annie Girardot, wurden in dem Café abgedreht. Noch immer sind die von Carlo Prandoni signierten Filmplakate aus den 1950er-Jahren in den großen Fenstern der Pasticceria zu sehen. Das elegante Café passt in die Stadt. Wer sich das nah an den majestätischen Westalpen gelegene Cuneo als rustikalen Vorgebirgsort vorstellt, wird überrascht sein. Die weite und prachtvolle Piazza Galimberti bildet das Herz der alten Stadt und mündet in die Via Roma, die Hauptachse mit langen Arkadengängen. Vor dem Café Arione an der Ecke der Piazza stehen im Sommer draußen Tische, an denen man entspannt seinen Espresso schlürft, ob mit oder ohne Spezereien aus der Konditorei. Natürlich haben die Cuneesi mit der Zeit Nachahmer gefunden, aber über das zum Patent angemeldete Originalrezept wachen die Nachkommen von Großvater Arione. Inzwischen gibt es die Schokoträume auch in anderen Versionen als mit Rum: nicht ganz so alkoholgeschwängert mit Grand Marnier, und ganz ohne, mit Haselnuss oder Kaffee. Sie schmecken alle köstlich.

TIPP

Die Altstadtgassen rund um die Contrada Mondovì: ein Eldorado für Flaneure.

Pasticceria Arione, Piazza Galimberti 14, I-12100 Cuneo
www.arionepasticceria.it

ARIONE

Schlafen wie ein König

66 *Rifugio Valasco, Valdieri*

Eine weite Wiese ist durch Lärchen aufgelockert, Bäche durchziehen das Grün und große verwitterte Steine haben sich in die Erde gegraben. Der Pian del Valasco im Gesso-Tal in der Nähe von Cuneo ist eine wasser- und seenreiche Hochebene auf beinahe 1800 Meter Höhe, gerahmt von den imposanten Gipfeln von Dreitausendern – ein Eldorado auch für Gämsen. Diesen Reizen erlag im 19. Jahrhundert der erste italienische König, Vittorio Emanuele II., und beschloss, hier eine königliche Jagdhütte errichten zu lassen. Wurde das Halali für die Savoyer geblasen, trieben die dafür angeheuerten Einheimischen ihnen die Tiere vor die Flinten. Am Abend kehrten die Royals dann zum Schmaus in die Jagdhütte ein. Heute nutzen Wanderer das einstige königliche Bergquartier zur Einkehr und entdecken im großen Saal Fotos aus alten Zeiten. Das mitten in der Wiese liegende markante Gebäude mit seinen Türmen auf jeder Seite hat dramatische Zeiten erlebt. Während der beiden Weltkriege machten es sich die Militärs zu eigen, später wurde es durch mehrere Brände verwüstet. Im Jahr 1958 entschloss sich die Erbin des Rifugio, Jolanda von Savoyen, die Gebäude zu verkaufen. Die ehemalige königliche Jagdhütte wurde vollständig renoviert und steht nun seit 2008 Wanderern und Ausflüglern als Einkehr- und Übernachtungsplatz offen. Die Gäste begreifen schnell, dass die Savoyer mit ihrer Standortwahl einst einen guten Riecher hatten. Von der Hütte starten attraktive Wanderwege zu den Bergseen des Valscura, und im Winter ist die Hochebene bei Langläufern und Schneeschuhwanderern beliebt. Nachdem man sich am Abend im Restaurant mit okzitanischer Küche gestärkt und anschließend entweder in Gemeinschaftsschlafsälen oder Privatzimmern königlich genächtigt hat, bricht man in die Täler der Seealpen auf oder zu den eindrucksvollen Wasserfällen und erfrischenden Wasserbecken in der Nähe. Und hat dabei immer das Gefühl, von den Bergen umarmt zu werden.

TIPP **Altmodisches Flair und heiße Sole – die Thermen von Valdieri sind ein nostalgischer Ort.**

Rifugio Valasco, Pian del Valasco, I-12010 Valdieri, www.rifugiovalasco.it

Entspannter Fußweg vom Parkplatz der Thermen von Valdieri (2 Stunden)

Beängstigend schön

67 *Villa Scott, Turin*

Wie grauenvoll! In „Profondo Rosso“ (Deep Red), einem Horrormeisterwerk des italienischen Kinos, erzählt der Regisseur Dario Argento die Geschichte eines Detektivs auf der Jagd nach einem Serienmörder im geheimnisvollen nächtlichen Turin. In der Schlüsselszene des Films kratzt der Protagonist David Hemmings mit einem zerbrochenen Glas den Putz von einer schäbigen, bröckelnden Wand kratzt und entdeckt dabei eine entsetzliche Zeichnung: ein Kind mit einem blutigen Messer in der Hand. Ort der Szene: die Villa Scott oberhalb des Po. Der Film hat eines der großartigsten Jugendstilgebäude Turins bekannt und zu einem Kultort gemacht. Nicht nur Filmfans, auch Architekturbegeisterte besuchen seitdem das Anwesen. Heute im Privatbesitz, können sie nur einen Blick über die schmiedeeisernen Zäune auf Haus und Garten werfen, um sich an raffinierten Details zu erfreuen, den Loggien, Erkern, Glasmalereien und Ornamenten wie Blumen, Früchte, Tiere und Muscheln. Die Villa von Alfonso Scott, Besitzer eines frühen Automobilunternehmens, entstand Anfang der 1900er-Jahre, als die Ufer des Po und das Borgo Crimea zu einem Experimentierfeld von Architekten wurden. Sie erbauten dort neue elegante Quartiere für das wohlhabende Bürgertum der Stadt. Der Architekt der Villa Scott, Pietro Fenoglio, stellte mit der aufregenden Fusion von Jugendstil und Neobarock sogar sein eigenes Haus, die Casa Fenoglio-Lafleur im Stadtzentrum von Turin, in den Schatten. „Profondo Rosso“-Regisseur Argento stand bei seinem Dreh jedoch vor einem Problem: In den 1970er-Jahren war aus der Villa Scott die Villa Fatima eines Klosterordens geworden, der hier sogenannten gefallenen Mädchen auf die Beine half. Wohin also mit den Nonnen und Internatsschülerinnen während der Dreharbeiten? Die Produktion schickte sie einfach für einige Wochen in bezahlte Ferien nach Rimini, und die Villa des schreienden Kindes, wie sie unter Filmfans auch heißt, konnte Kinogeschichte schreiben. Und wird für Besucher Turins zu einer Attraktion.

TIPP Ein schöner Ort zur Einkehr: drinnen oder draußen in der Cantine Risso am Corso Casale 79.

Villa Scott, Corso Giovanni Lanza 57, I-10131 Turin
ÖPNV: Bus 33, 52, 66, 70, 73, Haltestelle Crimea

Spektakuläre Verbindung

68 *Brücke über den Orrido di Sant'Anna, Traffiume*

Ein malerischer Dreiklang von Brücke, Kirche und einer einladenden Osteria auf dem Felsen – das ist der Orrido di Sant'Anna in Traffiume. Die reißenden Fluten des Cannobino haben hier 3 Kilometer vor seiner Mündung in den Lago Maggiore eine enge Schlucht in den Felsen geschliffen. Wenige Meter weiter flussabwärts weitet sich der Fluss zu einem seichten Wasserbecken, an dem Kieselstrände zum Sonnenbaden und Schwimmen einladen. Einst verband die pittoreske mittelalterliche Brücke das Vigezzo- und das Cannobina-Tal mit dem Lago Maggiore und machte für ihre Bewohner vor allem die Märkte dort erreichbar. Sie ersetzte einen alten Maultierpfad, die Via Borromeo – heute ein attraktiver Wanderweg, der spätestens dann als zu gefährlich galt, als er seinem Namensgeber, dem Erzbischof von Mailand, beinahe zum Verhängnis wurde. Während eines Pastoralbesuchs im Cannobina-Tal im Jahr 1574 kam nämlich Carlo Borromeo auf dem Rücken seines Tieres von dem durch Schnee, Eis und starken Regen geschundenen Saumpfad ab. Einige Jahre nach dieser Beinahe-Katastrophe trafen die Gemeinden des Vigezzo- und Cannobina-Tals eine Vereinbarung zum Bau einer neuen Verkehrsverbindung – mit der Brücke an der Kirche von Sant'Anna. Die Gemeinde Cannobio unterhielt an dieser Wegscheide noch bis zum Ende des 19. Jahrhunderts eine Mautstation – gegen alle Widerstände aus dem Vigezzo-Tal. Aber wie sonst sollte man die für die Zukunft der Bergdörfer wichtige Route zum Lago Maggiore finanzieren? Heute erschließt eine gut ausgebaute Straße von Cannobio kommend den charakteristischen Ort und schafft die Verbindung in Richtung Domodossola und Simplonpass, wenn nicht Erdrutsche in dieser hydrogeologischen Risikozone den Zugang blockieren. Von den Buchten und Stränden am Ufer oder schwimmend im türkisblauen Wasser des Flusses Cannobino wirkt die Brücke wie ein Postkartenmotiv, und doch sieht man dem felsigen Nadelöhr seine logistische Bedeutung heute noch an.

TIPP Mit dem Schiff von Cannobio zum großen Mittwochsmarkt auf der anderen Seeseite in Luino.

Brücke über den Orrido di Sant'Anna, Via Sant'Anna, I 28822 Cannobio, Ortsteil Traffiume

69 *Kreuzgang Chiesa San Giovanni, Saluzzo*

Die nüchterne Fassade der Chiesa San Giovanni lässt nicht vermuten, welch energiegeladener Ort sich in der 1281 erbauten Kirche verbirgt. Vom linken Seitenschiff gelangt man in einen wunderbar stimmungsvollen gotischen Kreuzgang, der von einem auf zwölf Marmorsäulen ruhenden Spitzbogenportikus begrenzt wird. Über Jahrhunderte war das Gotteshaus von Dominikanern bewohnt. Bei ihren Bet- und Bittgängen in dem gezirkelten Innenraum trugen die Brüder des Herrn immer ein Kreuz vorneweg – daher die Bezeichnung Kreuzgang in allen Klöstern. Im Kreuzgang der Chiesa San Giovanni steht als poetischer Blickfang mitten in dem von Beeten und unaufdringlicher Bepflanzung gerahmten Geviert ein großer Olivenbaum mit seinen silbrig schimmernden Blättern. Eine Pflanze von hohem Symbolwert: Seit Jahrtausenden liefert der Oliven- oder auch Ölbaum nicht nur Früchte, Holz und Öl, sondern gilt darüber hinaus als Zeichen der Hoffnung. Bereits im Buch Genesis des Alten Testaments ist der Ölzweig ein Signum für einen Neuanfang. Als die Taube mit einem Ölzweig im Schnabel zu Noah zurückkehrt, weiß er, dass das Ende der Sintflut gekommen ist. Und nicht erst seit Picasso seine Lithografie der Friedenstaube mit dem Ölblatt anlässlich des Weltfriedenskongresses im Jahr 1949 gestaltet hat, ist dieser Baum ein Zeichen für Frieden und Zuversicht. Daher ist es auch kein Zufall, dass die Flagge der UNO Zweige eines Ölbaums als Symbol der Versöhnung trägt. Die Aura des besonderen Baumes teilt sich im schönen Kreuzgang der Chiesa San Giovanni dem Besucher unmittelbar mit; wer sich dort niederlässt, findet zweifellos Muße und inneren Frieden. Von hier öffnet sich auch der Eingang zu dem mit einer ausladenden Freskenwand dekorierten Kapitelsaal. Schon in der Tür fällt einem die wuchtige ornamentale Kassettendecke des einstigen klösterlichen Refektoriums ins Auge. Und durch die Arkaden des Kreuzgangs kommt der Glockenturm des außergewöhnlichen sakralen Ensembles in den Blick.

TIPP In der Osteria Quattro Stagioni in Saluzzo draußen unter den Arkaden zu speisen ist ein Vergnügen.

Chiesa San Giovanni, Via San Giovanni 9a, I-12037 Saluzzo

Gipfelsturm

70 *Colle dell'Agnello, Valle Varaita*

Hinter Chianale beginnt für Rennradfahrer die Hölle: 10 Kilometer nicht enden wollende Bergstraße mit einer durchschnittlichen Steigung von 10 Prozent. Die Straße klammert sich an die Bergwände und nach 22 Haarnadelkurven kommt das Ziel endlich in Sichtweite: die Passhöhe auf 2744 Metern und damit auch der legendäre Grenzstein, an dem Italien endet und Frankreich beginnt. Am Colle dell'Agnello, dem nach dem Stilfser Joch und dem Col de l'Iseran dritthöchsten asphaltierten Pass der Alpen und höchsten Grenzpass, treffen sich das italienische Valle Varaita und der französische Parc du Queyras vor der Westwand des imposanten Monviso-Massivs. Hier sind beim Giro d'Italia Idole des Radrennsports wie Fausto Coppi über sich hinausgewachsen und viele Asse haben an diesem Berg auch die Kräfte und Nerven verlassen. Bis zum Jahr 1970 war die Strecke noch ein Saumpfad für die Hirten der Täler, erst dann wurde die Autostraße befestigt und für den grenzüberschreitenden Verkehr freigegeben. Zum 50-jährigen Jubiläum des Alpenpasses trafen sich hier oben Politiker beider Länder und feierten ihn als Symbol für ein offenes Europa und als Zeichen der Verbundenheit zwischen Frankreich und Italien. Tatsächlich sind die okzitanische Sprache und Kultur beidseits der Grenze noch lebendig. Auch ohne Fahrrad ist die Tour ein grandioses Erlebnis, nur weniger kräftezehrend. Wie ein silbriger Faden zieht sich von weit unten im Tal das schmale Asphaltband den Pass hinauf. Wolken kleben an den Berggipfeln, rötlichbraune und grüne Grasmatten bedecken die mal schroff, mal sanft gewellten Hänge. Gämsen springen von Felsen zu Felsen und mit einem Fernglas lassen sich Murmeltiere dabei beobachten, wie sie vor ihren Erdhöhlen in Hab-Acht-Stellung gehen. Enthusiasten des Radsports bietet die Passstraße eine ultimative Prüfung für Körper und Geist und Motorradfahrern einen Tanzboden für das gefährliche Spiel mit der Schwerkraft. Zwischen Juni und September ist sie normalerweise problemlos befahrbar.

TIPP Das Bergdorf Chianale zählt zu Recht zum Netzwerk der schönsten Ortschaften Italiens.

Colle dell'Agnello, Valle Varaita

Passstraße SP251 durch das Varaita-Tal über Chianale bis hoch zur italienisch-französischen Grenze

ALT. 2744
FRANCE
ITALIE

Palast des Lesens

71 *Circolo dei Lettori, Turin*

Im Ehrensaal mit dem spektakulären Glaslüster in 12 Meter Höhe traf sich 1706 der Piemonteser Hofstaat und feierte das Ende der Belagerung durch die französischen Truppen. Und einst spielten dort auch die Komponisten Toscanini und Tamagno auf. Heute trifft man sich in dem architektonischen Juwel mit seinen Spiegelsälen und mit Stuck und Fresken dekorierten Salons zu Lesungen, Debatten und Veranstaltungen. Willkommen im Circolo dei Lettori, der Superlative unter den Literatur- und Medienhäusern Italiens. Etwas, für das die Stadt in Mailand wie in Rom beneidet wird, sagt ein Turiner Kenner, der Schriftsteller Giuseppe Culicchia. Wer den Eingang in der Via Bogino Nummer 9 passiert hat, gelangt in einen faszinierenden Innenhof und betritt ein dynamisches Kulturzentrum. Seit Oktober 2006 kommen im Palazzo Graneri della Roccia Lesezirkel, Debattier- und Filmclubs, philosophische Cafés und Diskussionsgruppen aktueller politischer Themen zusammen. Auch wer einfach nur sein Lieblingsbuch lesen, in internationalen Zeitungen blättern oder sich mit Freunden treffen will, ist in der Galerie mit begrüntem Wintergarten und Panoramablick auf die Mole Antonelliana am richtigen Ort. Die lässig-gemütliche Bar und gleich nebenan die Taverne des Hauses laden regelmäßig auch zum Dinner mit Künstlern oder zum Aperitivo mit Literaten ein. Der Circolo dei Lettori ist ein Katalysator und Durchlauferhitzer für Ideen und kulturelle Strömungen. Auf seinen 1000 Quadratmetern findet das Rahmenprogramm der Turiner Buchmesse ebenso seinen Platz wie die Veranstaltungsreihe von Torino Spiritualità. Der Literaturclub hat in diesem Gebäude durchaus Tradition: Schon in der ersten Hälfte des 19. Jahrhunderts waren seine auratischen Räume Sitz des Circolo degli Artisti, eines Turiner Treffpunkts und Drehkreuzes für Intellektuelle und Kulturschaffende. Heute ist der Circolo ein einmaliger Vermittlungs- und Erfahrungsort zwischen Tradition und Zukunft – mit Quartier an einem magischen Ort.

TIPP Nach der Lesestunde ein Eis schlecken: in der Gelateria Pepino an der Piazza Carignano 8.

Circolo dei Lettori, Palazzo Graneri della Roccia, Via Bogino 9, I-10123 Turin
www.circololettori.it
ÖPNV: Bus 55, 56, Haltestelle Accademia Albertina

Märchenhaft

72 *Castello della Manta, Manta bei Saluzzo*

Ein alter Mann sitzt auf einem Karren und fuchtelt wild mit einem Stock herum. Mit allen Mitteln will er unter den Ersten sein. Eine Bäuerin stärkt sich mit einem Schluck aus einem Krug, während ein Herold zu Pferd gerade zum Fanfarenstoß ansetzt. Könige und Bauern, Adelsfrauen und Knechte, Bischöfe und Dorfstrolche drängen nach vorne. Sie alle haben einen sechseckigen Jungbrunnen zum Ziel, dessen Schale ein Amor krönt. Den Alten soll er Kraft und den Frauen Schönheit und ihre Jungfräulichkeit zurückbringen. Mühsam erklimmen die Alten den Brunnenrand, um sich nach dem Tauchgang verjüngt und veredelt wieder amourösen und lüsternen Unternehmungen hinzugeben. Zu sehen sind diese Szenen in einem scharf beobachteten Fresko von unübersehbarem Witz, dem Jungbrunnen im Salone Baronale des geheimnisvollen Schlosses von Manta, im 13. Jahrhundert erbaut und einst Sitz der Saluzzer Markgrafen. Die Wand mit den außergewöhnlichen und vor allem profanen Fresken eines unbekannten Meisters aus dem 15. Jahrhundert gehört zu den bedeutenden spätgotischen Kunstwerken in Europa. Und der Festsaal im zweiten Geschoss des Castello überrascht noch mit einem weiteren Freskenzyklus: 18 schillernde Figuren, neun Männer und neun Frauen aus verschiedenen Epochen der Geschichte – alles Ahnherren des Hauses Saluzzo mit ihren Gemahlinnen –, sind in die schönsten Kostüme ihrer Zeit gekleidet und treten, umgeben von blumigen Wiesen und edlen Wappen, vor einem pergamentfarbigen Hintergrund auf. Das die Hälfte des Saals bedeckende Fresko weist Farblücken auf, in denen einst Schmuckstücke auf den fein ziselierten Kostümen glänzten. Staunend steht eine Gruppe von Mädchen, die einen Kindergeburtstagsausflug in das Castello unternehmen, vor dem Kunstwerk: Sind da nicht Rapunzel und Schneewittchen zu sehen? Und da Aladdin und Jasmin, die Tochter des Sultans? Einer der bedeutendsten Bilderzyklen der Spätgotik erscheint so märchenhaft wie die gesamte mittelalterliche Residenz am Fuß der Westalpen.

TIPP Im Museo dell'Arpa in Piasco befindet sich eine weltweit einmalige Harfensammlung.

Castello della Manta, Via De Rege Thesauro 5, I-12030 Manta
www.castellodellamanta.it

Ia·nesera
sisera·m

Im dritten Paradies

73 *Cittadellarte, Fondazione Pistoletto, Biella*

Ein Tonnengewölbe mit einer spitz zulaufenden Decke aus Spritzbeton überdeckt einen Raum von der Größe eines Tennisplatzes. An seinen Längsseiten tauchen ihn Fenster mit tief ausgeschnittenen Tunneln in ein Wechselbad von Licht und Schatten. Auf dem rustikalen Steinboden entfalten drei sich berührende Kreise aus gelb-silbrigen Ornamenten je nach Tageszeit, Lichteinfall und Standpunkt des Betrachters eine unterschiedliche Wirkung. Willkommen im dritten Paradies und der Cittadellarte in Biella, in den Kunsträumen von Michelangelo Pistoletto, einem Mitbegründer der Arte Povera. Pistoletto erwarb im Jahr 1991 die charakteristischen Räume des ehemaligen Lanificio Trombetta, verwandelte sie in einen einzigartigen Kultur-, Begegnungs- und Diskursraum, den er im Sommer 1998 der Öffentlichkeit zugänglich machte und das dritte Paradies nannte. Für den politisch engagierten Künstler steht das erste Paradies für den mit der Natur in Einklang lebenden Menschen, aus dem er mit seinen Maschinen, seinem Ressourcenverbrauch und Lebensstil das zweite Paradies, eine Welt von künstlichen Bedürfnissen, Produkten und Vergnügungen gemacht hat. Das dritte Paradies soll Kunst und Kultur, Wissenschaft und Technologie, Politik und natürliche Umwelt wieder in Einklang bringen. Mit seiner Fondazione will Pistoletto dazu einen Beitrag leisten, indem er den ehemaligen Industrieort am Fluss in ein Zukunftslabor verwandelt. Kunst und Kultur sollen sich einmischen. Wie Pistoletto es schon mit seinen Spiegelbildern versucht hat, in denen sich neben gemalten Figuren die jeweiligen Betrachter wiederfinden. Diese Bilder rahmen Pistolettos vielleicht bedeutendstes Werk, die „Venere degli stracci“. Die klassizistische Venusstatue ist in Beton gegossen und lehnt an einem Haufen farbiger Lumpen. Grazie trifft Wegwerfklamotten – eine ästhetische Attacke auf den Konsumwahn. Dass die Stadt Biella inzwischen zum Netzwerk kreativer UNESCO-Städte gehört, hat sie auch der Cittadellarte zu verdanken.

TIPP Für Schnäppchenjäger: das Cerruti-Outlet in der Via Cernaia 40 in Biella.

Cittadellarte, Fondazione Pistoletto, Via Serralunga 27, I-13900 Biella
www.cittadellarte.it

Aussichtsreich

74 *Torre Civica, Mondovì*

Um zum Symbol der Stadt zu gelangen, nimmt man den Funicolare, die Standseilbahn nach Piazza, die wunderschöne alte Oberstadt von Mondovì. Ein paar Schritte über die weitläufige Piazza Maggiore und schon kommt der Torre Civica in den Blick – mit seinen übergroßen Zifferblättern auf allen vier Seiten und jeweils nur einem 2 Meter langen Zeiger. Das grüne Areal, das den Backsteinturm umgibt, heißt nicht von ungefähr Parco Belvedere: Von hier – und wenn man die 87 Stufen bis zur Turmspitze erklimmt – hat man einen spektakulären Blick auf die Ebene und die Kette der Westalpen mit dem ähnlich wie das Matterhorn steil und zackig aufragenden Fast-Viertausender Monviso. Der Torre aus dem 14. Jahrhundert war ursprünglich der Glockenturm der Chiesa Sant'Andrea, die 1802 abgerissen wurde. Er wird auch dei Bressani genannt, nach dem Namen einer einst an der Piazza Maggiore ansässigen Familie, die ihn als Symbol für Prestige und Macht verwendete. Mondovì mit seiner strategischen Lage an den Verkehrswegen zur ligurischen Küste war eine der führenden Städte im Herzogtum der Savoyer, und das Kapitalvermögen und die Kreativität der lokalen Kaufleute groß. Dieses Klima mag erklären, warum Mondovì Druckgeschichte geschrieben hat, der aus Mainz kommende Gutenbergsche Funke im Piemont hier zuallererst zündete: 1472 druckte ein Handwerker namens Baldissero Cordero das erste Buch in der Region, die Abhandlung „De institutione confessorum" des Theologen Sant'Antonio. Im ebenfalls in der Oberstadt gelegenen Museum für Druckkunst mit seiner in Italien bedeutendsten Sammlung von Druckmaschinen erfährt man eindrucksvoll, welche Wucht für das Piemont und ganz Italien damals von der Gutenberg-Revolution des Buchdrucks ausging. Auch an die Pionierleistung Corderos erinnert die Stadt mit einer Plakette an der Hauswand seiner einstigen Werkstatt. Wer sie entdecken will, verlässt den Torre Civica und die Oberstadt, nimmt erneut den Funicolare und wird unten in der Via Piandelavalle fündig.

TIPP **Die größte elliptische Kuppel der Welt im Santuario di Vicoforte erklimmen und im Kloster speisen.**

Torre Civica, Parco Belvedere, I-12084 Mondovì

Happy hour

75 *Caffè Torino, Turin*

Es ist 18 Uhr, eigentlich in Italien noch keine Essenszeit. Aber im alteingesessenen Caffè Torino an der Piazza San Carlo herrscht Hochbetrieb. An den vollbesetzten Tischen sitzen meist junge Leute mit giftgrünen oder knallroten Getränken und Tellern voller Snacks vor sich, ein paar Oliven, mit Schinken gefüllte Tramezzini, Erdnüsse, Käsehappen. Der Aperitivo ist nicht nur in Turin à la mode. Zwischen 18 und 20 Uhr treffen sich Geschäftsleute und Cliquen, Studenten und Büroangestellte auf einen Drink, verbunden mit einem zuletzt immer üppigeren Imbiss, oft sogar einem Buffet. Für einen Obolus zwischen 5 und 10 Euro sitzt man mit einem Campari Orange, einem Bier oder Glas Wein zusammen, plaudert und zelebriert den Übergang des Arbeitstages in die abendlichen Stunden. Vielerorts hat sich der Aperitivo zu einer Apericena entwickelt, einem kostengünstigen Ersatz für das eigentliche Abendessen. Diese Entwicklung hätte sich der Turiner Likör- und Weinhändler Antonio Benedetto Carpano nicht vorstellen können, als er im Jahr 1786 Weißwein mit einem Aufguss von Kräutern und Gewürzen vermischte und damit den ersten Aperitif erfand. Sein Wermut wurde zum durchschlagenden Erfolg, erst recht, als im Lauf des 19. Jahrhunderts mit dem Campari und dem Martini andere originelle Variationen von Mixgetränken auf den Markt kamen. Viele Bars und Cafés in Turin und zunehmend auch anderen Städten treten in einen kreativen Wettbewerb um die vorabendliche Kundschaft und ergänzen ihre Palette von Cocktails mit Häppchen, Fingerfood und kleinen Vorspeisen. Was den Gästen gefällt und aus dem Drink nach Feierabend den Aperitivo macht. Dass Substanzen mit bitterem Geschmack den Magen öffnen und das Hungergefühl anregen, ist schon von Hippokrates überliefert. Der griechische Arzt verschrieb einst seinen Patienten mit Appetitlosigkeit seinen „vinum hippocratium". Die Gäste der vielen Turiner Bars und Cafés treibt zum Aperitivo weniger der Hunger als die Lust am Austausch und der Kommunikation.

TIPP Vor dem Caffè Torino auf das in den Boden eingelassene Bronzerelief des Stiers zu treten bringt Glück!

Caffè Torino, Piazza San Carlo 204, I-10121 Turin

ÖPNV: Straßenbahn 4, 15, Haltestelle Bertolla

76 *Officine Grandi Riparazioni, Turin*

Was haben das Arsenal in Venedig und die Officine Grandi Riparazioni (OGR) in Turin gemeinsam? Im Arsenal liefen einst Schiffe vom Stapel, während in den OGR Lokomotiven auf den technischen Prüfstand kamen. Und beide Orte sind heute wegweisende Locations für Kultur und Innovation. In die mächtigen zwischen 1885 und 1895 erbauten Industriehallen der OGR konnten einst ganze Züge zur Inspektion fahren. In den 1990er-Jahren stellte die italienische Bahn den Betrieb der Werkstätten ein und dem Gebäudekomplex drohte der Abriss. Wenn nicht eine potente Stiftung 2013 das Juwel der Turiner Industriearchitektur mit einer wegweisenden Vision erworben hätte. So konnte die ehemalige Kathedrale der Arbeit 2017 ihre großen Stahltore wieder öffnen und die Turiner ihr Glück kaum fassen. Die OGR sind zum Symbol und Treiber für die kulturelle und technologische Exzellenz Turins geworden. In den 200 Meter langen Seitenflügeln von OGR Cult geben nun die Kreativen den Ton an. Auf 9000 Quadratmetern treten Schauspieler und Tänzer auf oder geben Musiker Konzerte. Bei OGR Tech, den Technologielaboren, sind Start-ups und Coworking Spaces untergekommen – ein Energieknoten wissenschaftlicher, technologischer und industrieller Forschung, bei der es vor allem um Big Data, Künstliche Intelligenz und die Entwicklung digitaler Spiele geht. Im SNODO mit Lounge, Cocktailbar und zwei Restaurants treffen Künstler und Kreative, Nerds und Firmengründer zum Lunch aufeinander. Dass sich Besucher an dem 25 Meter langen Tisch unter die Mitarbeiter mischen, ist erwünscht. Im Netzwerk der Projektpartner von Universitäten, Wissenschaftseinrichtungen und Unternehmen hat allein Microsoft 500 Millionen Dollar für die OGR in die Hand genommen. Dass dieser Ort wandlungsfähig ist, stellt er immer wieder unter Beweis. Im Jahr 2020 wurden die OGR zu einem provisorischen Feldkrankenhaus für 100 Patienten – ein berührender Beleg dafür, dass sich die Officine als Communityprojekt begreifen.

TIPP Ein düsterer Ort: das Museo del Carcere im früheren Turiner Gefängnis in der Via Paolo Borsellino 3.

Officine Grandi Riparazioni (OGR), Corso Castelfidardo 22, I-10138 Turin
www.ogrtorino.it
ÖPNV: Bus 68, Haltestelle Inghilterra; Straßenbahn 9, Haltestelle Vinzaglio

Was für ein Schnäppchen!

77 *Antiquitäten- und Sammlermarkt, Cherasco*

Sechsmal im Jahr zwischen April und Dezember herrscht zwischen den alten Palästen und unter den faszinierenden Arkaden von Cherasco reges Treiben. Mehr als 650 Stände von Ausstellern aus Norditalien, Frankreich und der Schweiz laden am ersten Sonntag des jeweiligen Monats zum Stöbern und Feilschen ein – und bis zu 30.000 Besucher folgen stets dem Angebot. Kein Wunder, denn der Antiquitäten- und Sammlermarkt von Cherasco bietet einen attraktiven Mix von privaten und kommerziellen Anbietern. Möbel und Drucke, Bücher und Spielzeug, Kleider und Porzellan – wer seinen Hausstand einrichten, seine Sammlungen komplettieren oder nur ein kurioses Unikat finden will, ist hier gerade richtig. Die Auflagen des städtischen Veranstalters sehen nämlich vor, dass kein Plunder und Sperrmüll unter die Leute kommen darf, sondern nur Produkte mit Qualität und Gebrauchswert. Das hat zum guten Ruf dieses Sammler- und Antiquitätenmarktes beigetragen und ihn zu einer Institution im Piemont gemacht. Cherasco hat zwar durchaus noch mehr zu bieten. Die Stadt war Ort eines mit Napoleon Bonaparte geschlossenen Friedensvertrags, beherbergt den Sitz des Internationalen Schneckenzüchterverbandes und hat ihre Baci aus Zartbitterschokolade und Haselnüssen italienweit zu einer begehrten Praline gemacht. Aber der – außer dem Balon in Turin – mittlerweile größte Trödelmarkt der Region ist eine fast unschlagbare Attraktion, die sich Schatzjäger, Sammler und Flaneure nicht entgehen lassen. Die „early birds" unter ihnen sind schon in den frühen Morgenstunden unterwegs. Die Sammler kommen meist ein wenig später und stöbern mit fachmännischem Blick in den Auslagen der Briefmarken-, Porzellan-, Uhren- oder Modellbauverkäufer. Und um die Mittagszeit füllen dann die Flaneure die Straßen, genießen das Flair und das bunte Treiben, verweilen in den Straßencafés und schlendern zum Schloss, um vor dem Aufbruch noch einen Blick auf das Tanaro-Tal und die Alpenkette in der Ferne zu werfen.

TIPP Die Baci der Schokoladenmanufaktur Riccardi Mauro in der Via Guglielmo Marconi 24 sind köstlich.

Mercatino dell'Antiquariato, I-12062 Cherasco
www.langheroero.it/Eventi

Gott ganz nah

78 *Sacra di San Michele, Sant'Ambrogio*

„In La Sacra di San Michele überwältigt mich die Ehrfurcht. Die Blicke über das Tal berühren mich … dieser geheimnisvolle Ort ist geradezu erschütternd." Diese Zeilen stammen von einem Pilger, der sie angesichts des spektakulären romanisch-gotischen Klosterkomplexes auf dem fast 1000 Meter hohen Monte Pirchiriano in sein Tagebuch notiert hat. Die zwei Kirchen und kompakten Klosteranlagen, die sich dort oben auf einem 41 Meter hohen Fundament erheben, sind bei gutem Wetter noch vom 60 Kilometer entfernten Turin aus zu sehen. Über 237 Stufen gelangt man in einem etwas abenteuerlichen Aufstieg zu der mittelalterlichen Anlage auf dem höchsten Punkt des Berges. Den Grundstein hat im Jahr 966 der Erzbischof Giovanni Vincenzo gelegt. Ihm soll zuvor mehrmals der Erzengel Michael erschienen und auch beim Transport der Baumaterialien auf den Gipfel behilflich gewesen sein. Dass der Heilige Michael für die Auswahl dieser Location Verantwortung trägt, legt eine Legende nahe, die tatsächlich sogar einem Faktencheck standhält. Denn vom Westen Irlands bis nach Jerusalem zieht sich eine gerade Linie, auf der sieben dem Erzengel gewidmete Heiligtümer erbaut sind. Von Skellig Michael in der irischen Grafschaft Kerry, über Sankt Michael's Mount in Cornwall, den Mont-Saint-Michel in der Normandie geht es wie mit dem Lineal gezogen weiter über das Susa-Tal an den Gargano nach Apulien. Das sechste Heiligtum steht auf der griechischen Insel Symi, und in der Nähe von Jerusalem im Kloster auf dem Berg am Irschel endet diese spirituell-religiöse Verbindungsachse zu Ehren des Heiligen Michael. Niemand ist wie Gott, soll er gesagt haben. Aber in der Sacra, die seinen Namen trägt, komme man der göttlichen Majestät sehr nah, bemerkte ein Chronist aus dem 11. Jahrhundert. In der Tat umgibt diesen Klosterkomplex eine außergewöhnliche Aura. Seit 1994 ist er das offizielle Symbol der Region Piemont. Auch Umberto Eco soll ihn als Inspiration für seinen Roman „Im Namen der Rose" vor Augen gehabt haben.

TIPP Ein Besuch in einem explosiven Museum: im Ecomuseo del Dinamitificio Nobel in Avigliana.

Sacra di San Michele, Via Alla Sacra 14, Colle della Croce Nera, I-10057 Sant'Ambrogio di Torino

Picknick im Park

79 *Castello di Miradolo, San Secondo di Pinerolo*

Im Sommer spenden majestätische Rosskastanien, Ginkgos, Eiben und Lindenbäume wohligen Schatten. Dann ist im Park des Castello di Miradolo die Zeit für ein Picknick auf den weiten Wiesen des englischen Landschaftsparks gekommen. Dazu hat die Cafeteria einen gut gefüllten Korb im Angebot. Der Garten des Castello aus dem 18. Jahrhundert ist mit seinem historischen Baumbestand und der Schlossvilla im neugotischen Stil ein ganz besonderes Natur- und Kulturparadies. Auf einem Streifzug mit einem Audioguide wird die Schlossvisite zu einer kurzweiligen Zeitreise in die Vergangenheit. Denn die Erzähler berichten nicht nur von den 70 unterschiedlichen Baumarten, von den Hainen und Alleen des zu allen Jahreszeiten geöffneten Parks, sondern erzählen auch von dem Wunderschloss, das sich mit seinen Türmchen harmonisch in die Landschaft einfügt. Das von der Cosso-Stiftung im Jahr 2007 erworbene Anwesen blickt auf eine bewegte Vergangenheit zurück. Im 19. Jahrhundert nahm es durch Maria Elisabetta Ferrero della Marmora seine besondere Gestalt an. Sie verwandelte die Residenz in ein Naturparadies und einen Treffpunkt für Künstler, Literaten, Intellektuelle und Kulturbegeisterte. An ihre Idee der „cenacoli", die von ihr initiierten Künstlerzirkel, knüpft das heutige vielfältige Angebot von Konzerten, Lesungen und Ausstellungen bewusst an. Aus dem alten Gewächshaus des Castello mit neugotischen Bögen und großen Fenstern zum Park ist nach seiner Restaurierung ein außergewöhnlicher Veranstaltungsort geworden, der den Kunstinstallationen oder Performances von Klangkünstlern eine besondere Atmosphäre verleiht. Nach einem solchen Event empfiehlt sich der Besuch der Antica Pasticceria Castino di Pinerolo, die mit einer delikaten Auswahl süßer und salziger Köstlichkeiten aufwartet. Das Castello di Miradolo liegt am Eingang des Val Chisone weniger als 40 Kilometer von Turin entfernt und wird durch den ein wenig an das Matterhorn erinnernden Gipfel des Monviso und die Alpenkette eingerahmt.

TIPP Die Altstadt von Pinerolo bietet sich für genüssliche Spaziergänge an.

Castello di Miradolo, Via Cardonata 2, I-10060 San Secondo di Pinerolo
www.fondazionecosso.com

Ein anderer Napoleon

80 *Villaggio Leumann, Collegno bei Turin*

Das Straßenbahnhäuschen fällt auf. Die „stazionetta" mit ihrer Fachwerkarchitektur und ihren gedrechselten Säulen befindet sich mitten in der zersiedelten Peripherie Turins, am Rand einer Durchgangsstraße, umgeben von gesichtslosen Wohnsiedlungen. „Leumann" steht in weißen Lettern auf einem leuchtend roten Schild an der Haltestelle, die allerdings nicht mehr angefahren wird. Napoleone Leumann hieß der Textilunternehmer, der hier in Collegno, 10 Kilometer westlich von Turin, nicht nur diese Haltestelle, sondern ein ganzes Dorf für die Belegschaft seiner Baumwollspinnerei und Weberei bauen ließ: einen Komplex von 60 Gebäuden im Jugendstil. Das 1875 errichtete Villaggio Leumann ist nach wie vor bewohnt, viele ehemalige Arbeiterfamilien haben ihre kommunitäre Nachbarschaft nicht verlassen. Dass die Häuser mit ihren kleinen Gärten nicht von Gutverdienern auf schick getrimmt sind, dürfte auch der nicht sehr reizvollen Umgebung des Villagio Leumann zu verdanken sein. In einem Teil des Komplexes, hinter einem eindrucksvollen Eingang mit holzdekorierten Ecktürmen haben sich Textil-Outlets niedergelassen – durchaus passend zur Tradition, aber doch wie Fremdkörper wirkend. Napoleone Leumann war Schweizer Bürger, Republikaner und ein weitsichtiger Unternehmer. Der Philanthrop investierte auch in die soziale und kulturelle Infrastruktur seines Villaggio. Eine Krankenstation, eine Turnhalle, ein Hotel für Gäste, Hort und Grundschule, auch eine eigene katholische Kirche für die Belegschaft – alles war vorhanden. Als die Krise der Textilindustrie in den 1970er-Jahren das Aus für das Unternehmen bedeutete, drohte dem Dorf das gleiche Schicksal. Aber die Anliegergemeinde Collegno sprang ein und mit ihr ein engagierter Kreis von Ehrenamtlichen. In der ehemaligen Krankenstation ist heute die öffentliche Bibliothek untergebracht und das Bad ist zu einem Altenheim umgebaut. Das Hotel hat wieder geöffnet und Teile der alten Industrieanlagen lassen sich besichtigen.

TIPP

Wasserballett der Fontana del Cervo im ehemaligen königlichen Palast Venaria Reale (Sa./So. 12 Uhr).

Villaggio Leumann, I-10093 Collegno bei Turin

ÖPNV: U-Bahn M1, Haltestelle Paradiso, weiter mit Bus 36, Haltestelle Togliatti

Bibliografische Informationen der Deutschen Nationalbibliothek
Die Deutsche Nationalbibliothek verzeichnet diese Publikation in der Deutschen Nationalbibliografie; detaillierte bibliografische Daten sind im Internet über http://dnb.d-nb.de abrufbar.

Konzeption/Satz: Droste Verlag, Düsseldorf
Einbandgestaltung und Illustrationen: Britta Rungwerth, Düsseldorf, unter Verwendung von Bildern von © Fotolia.com: jd – photodesign.de; © iStock: Plociennik Robert
Fotos: Christoph Potting, außer:
Caffè al Bicerin: S. 55; Caffè Torino: S. 157; Casa Martini: S. 89; Borsalino: S. 93; Circolo dei Lettori: S. 149; Diavolo Rosso: S. 97; Fondazione La Raia: S. 121; GTT Communicatione: S. 27; International Media Intesa San Paolo: S. 37; Museo della Frutta, Commune Torino: S.135; Officina della Scrittura: S.21; Pallazzo Valperga: S. 13; Rifugio Valasco: S. 139; www.stock.adobe.com: S. 39 (Max Ferrero), S. 45 (stefanopez), S. 53 (myno), S. 77 (Cavan), S. 111 (picture10), S. 163 (mary416)

FSC www.fsc.org
MIX
Papier aus verantwortungsvollen Quellen
FSC® C011279

Druck und Bindung: LUC GmbH, Greven
ISBN 978-3-7700-2246-5

www.droste-verlag.de